Arquitetura Italiana em São Paulo

Coleção Debates
Dirigida por J. Guinsburg

Equipe de realização – Tradução: Paulo J. V. Bruna e Silva Mazza; Revisão: Dainis Karepovs e Plinio Martins Filho; Documentação iconográfica: Luiz Alberto do Prado Passaglia; Produção: Ricardo W. Neves e Raquel Fernandes Abranches.

**anita salmoni
e emma debenedetti**

ARQUITETURA
ITALIANA
EM SÃO PAULO

 PERSPECTIVA

Dados Internacionais de Catalogação na Publicação (CIP)
(Câmara Brasileira do Livro, SP, Brasil)

Salmoni, Anita
  Arquitetura italiana em São Paulo / Anita
Salmoni e Emma Debenedetti ; [tradução Paulo
J. V. Bruna e Silva Mazza]. -- 2. ed. -- São Paulo :
Perspectiva, 2007. -- (Coleção debates ; 173 / dirigida
por J. Guinsburg)

  Título original: Architettura italiana a San Paolo.
  Bibliografia.
  ISBN 978-85-273-0807-6

  1. Arquitetura - Brasil - São Paulo 2. Arquitetura
italiana - Brasil - São Paulo 3. Edifícios - Brasil
- São Paulo 4. São Paulo (Brasil) - Edifícios,
estruturas, etc. I. Debenedetti, Emma. II. Guinsburg, J..
III. Título. IV. Série.

07-8820   CDD-720.98161

Índices para catálogo sistemático:
1. Brasil : São Paulo : Arquitetura italiana   720.98161

2ª edição

Direitos reservados à
EDITORA PERSPECTIVA S.A.

Av. Brigadeiro Luís Antônio, 3025
01401-000 – São Paulo – SP – Brasil
Telefax: (0--11) 3885-8388
www.editoraperspectiva.com.br

2007

SUMÁRIO

Nota para esta Edição – *Luiz Alberto do Prado Passaglia* 9

Introdução 13

1. Aspecto de São Paulo por Ocasião da Chegada dos Italianos 21

2. A Influência do Neoclassicismo Italiano em São Paulo 33
   O neoclassicismo difundido pelos alemães 33
   Tommaso Gandezio Bezzi e Luigi Pucci 38
   Os mestres-de-obras 56

3. Os Colaboradores de Ramos de Azevedo 75

4. O Estilo Floreal 97
   Giulio Micheli e Giuseppe Chiappori 97
   Giovanni Battista Bianchi 116

5. A Arquitetura Moderna Italiana em São Paulo 127
   Gregori Warchavchik 130
   Rino Levi 140
   A influência de Marcello Piacentini em São Paulo 146
   Daniele Calabi 151
   Lina Bò Bardi 155
   Giancarlo Palanti 158

Conclusão 163

Documentação e Bibliografia 169

Gostaríamos de registrar um especial agradecimento à Dona Ghita e ao Dr. José Mindlin, por terem posto à disposição sua biblioteca, ao cenógrafo Aldo Calvo, à família do arquiteto Calabi, à Dona Dirce Torres Prazeres Palanti, viúva do arquiteto Palanti, à jovem arquiteta Anna Elena Salvi e ao estudante de engenharia Mauricio Rafael, que, com extrema cortesia e entusiasmo, colaboraram e possibilitaram a atualização, com o máximo de dados, dos Apêndices do presente trabalho.

NOTA PARA ESTA EDIÇÃO

O presente livro resultou de uma pesquisa desenvolvida no início dos anos 50. Recebeu então, em concurso promovido pelo Instituto Cultural Ítalo-Brasileiro de São Paulo, em 1952, o Prêmio "Pasquale Petraccone", criado com o fito de incentivar e divulgar trabalhos sobre as relações entre o Brasil e a Itália. Objeto de uma única edição, em 1953 e em língua italiana, logo passou a ser fonte de referência obrigatória, mas de difícil acesso. Só em algumas bibliotecas públicas ou particulares era encontrável esta monografia acerca de um item importante da arquitetura paulistana, o qual representa também valiosa contribuição sociológica, na medida em que focaliza aspectos da transferência e adaptação culturais do imigrante, sobretudo o italiano.

Exceção feita aos artigos de Yan de Almeida Prado, estampados em revistas da época, nos anos de 1929 e 1951, trata-se aqui o primeiro trabalho a abordar de forma sistemática a participação italiana no labor arquitetônico de São Paulo, a partir do último quartel do século XIX. Assim, acompanha a produção deste espaço urbano a qual se distingue principalmente por sua característica coletiva e se deve ao conjunto anônimo de imigrantes, marcos iniciais do mencionado processo, até a obra contemporânea, efetuada individualmente por arquitetos de formação ou de origem italiana. Analisando esta influência preponderante em São Paulo, a arquitetura é analisada sob um prisma histórico e social, não se deixando levar exclusivamente pela crítica aos valores formais, nem se detendo no simples arrolamento e descrição de obras.

O momento histórico aqui retratado corresponde ao da edificação e da vestimenta plástica característica de uma significativa parcela da cidade de São Paulo. Neste âmbito se sobressai a questão primordial da habitação operária que, em contraposição aos edifícios voltados para as atividades econômicas, culturais ou utilizados como residências das classes dominantes, marcou profundamente o feitio de inúmeros bairros, como Brás, Mooca, Bexiga e Bom Retiro. Foram eles verdadeiras áreas de adaptação cultural e distribuição social peculiar, cujos remanescentes ainda perduram, resistindo à febre imobiliária, instrumento de sucessivas inovações neste já um século de profundas transformações.

Recentemente, ou para ser mais preciso, na década de 1970, ganhou mais impulso, no caso específico de S. Paulo, o movimento em favor da preservação de obras e aspectos característicos. A imagem que a cidade nos deixa de sua formação contemporânea, considerando-se as sucessivas construções e demolições efetuadas na mesma parcela de espaço, gerou a expressão "em um século, três cidades", que se constituiu no fio condutor da primeira listagem sistemática dos bens culturais paulistanos, elaborada em 1974 pela Coordenadoria Geral de Planejamento da Prefeitura do Município de São Paulo. Esta idéia de transformação urbana comparece embrionária no presente trabalho.

O arrolamento de obras, aqui efetuado na parte final, antecede os atuais conceitos e iniciativas para executar inventários, convertendo-se em material imprescindível às pesquisas que possam subsidiar uma política cultural onde a preservação destes bens seja uma das metas.

Neste sentido ainda, e a pedido da Editora, julgamos que seria de interesse aproveitar o ensejo da presente reedição a fim de enriquecer a documentação fotográfica existente na publicação original. Esta complementação visou sobretudo a desenvolver as chamadas visuais assinaladas no próprio texto, efetuando-se, assim, um registro que facilitará inclusive a identificação das unidades e conjuntos aqui mencionados. De outra parte, dentro do rol assim fixado existem por certo lacunas sensíveis, e elas devem ser levadas à conta do tempo que nos separa da pesquisa dos autores, lapso que se reflete no desaparecimento de inúmeros referenciais.

Seja como for, as questões aqui suscitadas não perderam sua atualidade, na medida em que tornam sensíveis, hoje, o modo de ver e sentir do imigrante na nova terra. Mas tudo o que *Arquitetura Italiana em S. Paulo* levanta e discute, no domínio da identidade grupal, tem mais um interesse ainda, o que se liga à configuração e preservação de elementos culturais significativos à nossa formação social. Na verdade, o imigrante subjacente em todos nós se nos faz mais vivo e presente no quadro deste referencial palpável de nosso dia-a-dia de crua existência metropolitana.

São Paulo, janeiro de 1981

LUIZ ALBERTO DO PRADO PASSAGLIA

Editora Perspectiva

Fig. 1 — Rua Líbero Badaró em 1980 (foto Luiz A. Passaglia).
"... foram alternativamente edificados e abatidos a casinha de taipa, a casa de um andar em alvenaria – o sobrado, e por fim o arranha-céu, já substituído, ou em vias de sê-lo, por um maior e mais moderno."

INTRODUÇÃO

Não é tarefa do historiador dizer o que pessoalmente lhe agrada ou não. Ele deve somente explicar, mostrar por que a história tomou determinadas diretrizes. As vozes produzidas pelas necessidades da época são sua verdadeira orientação, e é de uma daquelas vozes que ele deve extrair sua própria explicação de uma determinada época (período). A verdadeira crítica de uma época pode ser extraída somente do testemunho da própria época.

(Giedion – *Space, Time and Architecture* – p. 18)

Nos últimos sessenta anos São Paulo se expandiu com uma excepcional velocidade, dilatando-se em todas as direções, transformando, em questão de poucas décadas, colinas áridas em zonas habitadas e terrenos alagadiços em risonhos bairros-jardins. As hortas, os sítios da periferia se retiraram, para ceder o lugar a mansões e fábricas, infelizmente sem critério discriminatório algum; as chácaras, derrubados seus limites, sulcaram-se de estradas. O trilho transformou-se rapidamente em caminho, o caminho em estrada, a estrada em rua. O Vale do Anhangabaú, sede agora de moderníssima avenida, apinhada de veículos e rodeada por arranha-céus, aparece, numa foto de 1888, como uma horta cuidadosamente cultivada[1].

Além de se expandir em sentido horizontal, a cidade se renovou verticalmente. Nos mesmos metros quadrados de terreno, em brevíssimo período de tempo, foram alternativamente edificados e abatidos a casinha de taipa, a casa de um andar em alvenaria − o sobrado, e por fim o arranha-céu, já substituído, ou em via de sê-lo, por um maior e mais moderno (Fig. 1).

É este um fenômeno comum a muitas cidades do novo e novíssimo Continente, não específico de São Paulo: sirvam de exemplo as recentes histórias de Chicago, New York e Buenos Aires[2]; mas em São Paulo ele se apresenta, talvez, com maior evidência: cidade eminentemente dinâmica, São Paulo acelerou ao máximo o tempo de seu desenvolvimento.

Não é nossa a tarefa de indagar se e quando as demolições efetuadas eram necessárias, nem gostaríamos de dar ares de deprecadores do progresso e da prodigiosa força de renovação de São Paulo, por amor à história e às tradições. Mas com certeza, ao estudioso que deseje traçar (determinar) a história de nossa cidade, o contínuo, laborioso, radical demolir para reconstruir tem quase a aparência de um assalto ao passado[3].

Poderia, de fato, parecer que, nos habitantes destas cidades em fase de evolução não haja apego para o que eles estão destruindo, pelos testemunhos concretos de sua história de ontem[4]. Nem as vozes que se elevam contra a picareta pronta a demolir são percebidas[5].

1. Para uma história do Anhangabaú, veja-se: Paulo Cursino de Moura, *São Paulo de Outrora*, São Paulo, Ed. Livraria Martins, 1943, pp. 98 e ss. e a série de fotografias existentes no Álbum Comparativo da Cidade de São Paulo "organizado pelo Exmo. Sr. Dr. Washington Luiz Pereira de Souza, Prefeito Municipal", vol. II, fls. 107, 108, 109, que se encontra na sala de livros raros "Paulo Prado" na Biblioteca Municipal de São Paulo.

2. Para a analogia entre a expansão de São Paulo, Buenos Aires e algumas cidades da América do Norte, veja-se: Sérgio Buarque de Holanda, *Raízes do Brasil*, Rio, Ed. José Olímpio, 1936, p. 43, e Francisco Prestes Maia, *Estudo de um Plano de Avenidas para a Cidade de São Paulo*, São Paulo, Ed. Cia. Melhoramentos, 1930.

3. Como pareceram a Giedion (*op. cit.*, p. 10 e ss.) as demolições de Chicago, quando ele estudou a história dessa cidade.

4. Desejamos, porém, lembrar aqui a providencial obra do Serviço Patrimônio Histórico e Artístico Nacional (S.P.H.A.N.), que está se preocupando no intuito de salvar quanto for possível de monumentos históricos e artísticos existentes no Brasil. Apesar da tarefa ser muito árdua, já se conseguiu realizar muito.

5. Ver: Yan de Almeida Prado, "São Paulo Antigo e a sua Arqui-

Fig. 2 — Viaduto do Chá e o Vale do Anhangabaú, 1897 (B. M.)*.

* B. M. — Biblioteca Municipal Mário de Andrade.

Fig. 3 — O Parque do Anhangabaú em construção, 1914 (B. M.)

Quando, pesquisando no Arquivo Histórico[6] é no Serviço de Emplacamento da Prefeitura[7] os dados necessários para levar a efeito a identificação de algumas casas que tinham interesse para esse nosso estudo, tivemos a oportunidade de ler nos livros oficiais que um edifício de 1897, existente à Rua João Brícola[8], seria demolido nos próximos meses e o mesmo destino caberia às poucas casas antigas da Rua Florêncio de Abreu e da Rua Brigadeiro Tobias, o que nos provocou uma saudade semelhante à expressada por Yan de Almeida Prado em 1929, ao reevocar alguns antigos palacetes demolidos[9]. Provamos uma profunda mágoa, como prova aquele que lê a crônica da demolição da Igreja e do Convento de São Paulo, que Nóbrega e Anchieta edificaram no longínquo ano de 1554. Contando que parte do telhado da igreja, já por várias vezes remanejado, caiu espontaneamente em 1896, o historiógrafo anota, aceitando serenamente a fatalidade imposta pelo progresso: "A demolição seguiu-se ao desabamento parcial"[10].

O historiador, que não pode prescindir de uma tradição feita de muitos séculos de cultura, admira-se diante da indiferença com a qual as cidades recentes estão destruindo todo testemunho de seu passado, daquele passado do qual nasceu a história de hoje. E nós mesmas sentimos o desejo de recolher alguns dados e estudá-los, ousando esperar que esse nosso estudo tenha um modesto valor documentário.

"São Paulo foi feita pelos italianos." A frase genérica é freqüentemente citada para resumir a participação viva e con-

---

do tetura", *Ilustração Brasileira*, número especial de setembro de 1929 e "Arquitetura de São Paulo em 1880", *Habitat* (Revista das Artes do Brasil) n.º 3, 1951, pp. 50 e ss.

6. Arquivo Histórico: Departamento dè Cultura da Prefeitura 4 – Rua da Cantareira, 216.

7. O Serviço de Emplacamento, instalado na Secretaria de Obras da Prefeitura Municipal (Rua Boa Vista, 63), conserva os nomes dados sucessivamente às várias ruas da Capital e os diferentes números que designaram sucessivamente as mesmas casas. Às vezes, desde que foi construída, uma casa mudou de número até 3 ou 4 vezes. Para identificá-la, é pois preciso procurar antes sua numeração antiga.

8. No número 65. Tornaremos a falar dela no Capítulo 2, p. 68, n.

9. Ver: Yan de Almeida Prado, "São Paulo Antigo e a sua Arquitetura".

10. Ver: Paulo Cursino de Moura, *op. cit.*, p. 20. Para os vários remanejamentos do convento e da igreja, veja-se Arquivo Fotográfico

Fig. 4 — Rua Florêncio de Abreu em 1980 (foto Luiz A. Passaglia).

tínua dos italianos na organização econômica, industrial, comercial da cidade. Mas nem depois das palavras vigorosas de Yan de Almeida Prado[11], que indicam uma nítida, clara, influência italiana sobre a formação de São Paulo em fins do século XIX, e que podiam ser recebidas como um convite para aprofundar um tema, nunca ninguém focalizou a profunda, extensa e variada ação que a arquitetura italiana exercitou, seja direta, seja indiretamente por meio de contribuições sobre a conformação da futura metrópole.

Ao longo das ruas mal e mal traçadas, ou então lá onde uma casa tinha sido demolida, dirigiam-se imediatamente fileiras de mestres-de-obras, de pedreiros, de operários italianos e, junto a esta enorme massa anônima, alguns engenheiros, arquitetos, profissionais hábeis.

Todos tinham chegado aqui tendo viva em seus olhos a imagem das ruas, das praças, dos edifícios das vilas e das cidades que eles tinham deixado. Graças à prática de construção aprendida em sua pátria, souberam adaptar às exigências do novo clima e da nova terra os modelos aos quais sua bagagem sentimental os ligavam. Entre 1880 e 1900, criaram alamedas e ruas inteiras de São Paulo, que deles receberam um caráter unívoco definido. Surgia a São Paulo fim-de-século, que, de tal ponto de vista, poderíamos chamar de "a cidade da saudade".

Esta mesma saudade, que o pequeno operário exprimia com tijolos e alvenaria, quando construía sozinho, com seus primeiros lucros, sua própria casa, à semelhança daquela que tinha deixado, levou — mais tarde — aqueles que tinham enriquecido a confiar a arquitetos italianos a construção de suas casas, que se tinham acostumado a sonhar.

Tampouco os tempos modernos interromperam a tradição: novos imigrantes foram acolhidos no Brasil antes e depois da Segunda Guerra Mundial e alguns arquitetos se transferiram, recentemente, na metrópole — teatro, desta vez, de interessantes experiências de arquitetura moderna por obra de arquitetos locais de grande valor.

Pareceu-nos, pois, interessante estudar esse aspecto da arquitetura paulista, observando e analisando as casas que foram conservadas, conversando com testemunhas oculares, vivas

---

(Divisão de Estatística e Documentação Social — Departamento de Cultura da Prefeitura, Praça da Sé, 233), Caixa E, aos títulos: "Palácio do Governo".

11. Yan de Almeida Prado, *op. cit.*

ainda na época de nossa pesquisa, septuagenárias ou mais; folheando os documentos dos arquivos e as fotografias recolhidas, com cuidado minucioso e profunda ciência, pelo Doutor Benedito Duarte e por seus assistentes[12]; para passar, em seguida, a edifícios mais recentes, aos relatórios de arquitetos e engenheiros em plena atividade.

Aquela indiferença para com o passado recente, de que acabamos de falar, e o fato de que os títulos italianos não são reconhecidos no Brasil, e portanto alguns engenheiros e arquitetos não podiam assinar suas obras, tornaram às vezes difícil a pesquisa.

O trabalho não compreenderá, pois, todos os engenheiros e os arquitetos, nem todos os construtores italianos que trabalharam em São Paulo, mesmo porque a obra de alguns deles não se revestiu de peculiar importância. Julgamos oportuno citar somente aqueles que tiveram algum significado artístico ou que influenciaram o gosto e a cultura de sua época, contribuindo para que São Paulo tomasse, numa época determinada, um determinado aspecto. Não temos a pretensão de ter feito história, mas, sim, de recolher testemunhos e dados para o historiador futuro, na esperança de que uma mais completa história da arquitetura paulista possa vir a se valer com alguma utilidade desse nosso estudo.

Qualquer que possa ser o valor artístico das obras analisadas, seja que se trate de criações arquitetônicas ou de construções modestas edificadas sem pretensão alguma, para satisfazer prementes necessidades de vida, julgamos válida e justificada toda pesquisa inclinada a entender o significado do patrimônio espiritual de gerações passadas, assim como todo esforço dirigido a recolher as vozes da própria época, para entregá-las às gerações futuras.

---

12. Arquivo Fotográfico.

1. ASPECTO DE SÃO PAULO POR OCASIÃO DA CHEGADA DOS ITALIANOS

Alfredo Moreira Pinto escrevia em 1900:

Era então S. Paulo uma cidade puramente paulista; hoje é uma cidade italiana!!

S. Paulo, quem te viu e quem te vê!. . .

. . .Tinhas então as tuas ruas sem calçamentos, iluminadas pela luz baça e amortecida de uns lampeões de azeite, suspensos a postes de madeira; tuas casas quasi todas terreas tinham nas janellas umas rotulas através das quaes conversavam os estudantes com as namoradas. . . Oh! que de encantos tinhas naquelles bons tempos que não voltam mais!

O Braz, a Móoca e o Pary eram então insignificantes povoados com algumas casas de sapê, que a medo erguiam-se no meio de espessos mattagaes; a Varzea do Carmo, o lugar escolhido para caçadas de cabritos.

. . . .

Não posso mais dar-te o tratamento de tu; fidalga como és, mereces hoje o tratamento de excellencia. Está V. Excia. completamente transformada, com proporções agigantadas, possuindo opulentos e lindíssimos prédios, praças vastas e arborizadas, ruas todas calçadas. . . belas avenidas, como a denominada Paulista, encantadores arrabaldes, como os Campos Elyseos, a Luz, Santa Cecilia, Santa Ephigenia, Hygienopolis e a Consolação. . .[1]

Moreira Pinto estudara Direito em São Paulo. Em 1870, recém-formado, partiu para ficar ausente 30 anos consecutivos. Quando de volta, para uma breve visita em 1900, mesmo sentindo uma grande admiração pela cidade, surgida durante sua ausência, que definiu como italiana, lembrou-se com sentida saudade da São Paulo de sua juventude. Esta cidade "puramente paulista" está traçada no "Plan'história" de Affonso de Freitas[2] e argutamente lembrada por um outro antigo estudante, o Junius[3] que aí havia estudado em 1850, e que voltara a visitá-la em 1882, quando também teve a oportunidade de notar aquela rápida e vasta transformação, que causou tanta impressão em quem a conheceu naquela época. Parece, com efeito, se acreditarmos nos historiadores melhor informados, que desde o início do século até pouco depois de sua metade, São Paulo não crescera muito; e o confirma o "Plan'história", citado há pouco, no qual Affonso de Freitas marcou as ruas e os edifícios que apareceram entre 1800 e 1874, cuja fotografia, gentilmente reproduzida para nós pelo Arquivo Fotográfico, juntamos ao nosso estudo.

De fato, se os sinais de uma próxima renovação podiam contar já alguns anos, só a partir de 1870, em virtude de múltiplos fatos, a análise de alguns dos quais escapa do campo destas observações[4], a cidade ia se ampliando e se renovando, lentamente no começo, sempre mais rapidamente depois de 1885. 1874 e os anos seguintes são justamente as datas que assinalam o início de uma imigração regular, importante e organizada de trabalhadores italianos para o Brasil em geral e para São Paulo em particular.

1. Alfredo Moreira Pinto, *A Cidade de São Paulo em 1900 – Impressões de viagem*, Rio, Imprensa Nacional, 1900, pp. 9 e ss.

2. "Plan'história da Cidade de São Paulo", São Paulo, 1800-1847, por Affonso de Freitas, (Fig. 5).

3. Junius (Paulo Ramos Júnior), *Notas de Viagem*, Seckler, São Paulo, 1882.

4. Para quanto afirmamos acima vide: Nuto de Sant'Anna, *São Paulo Histórico*, São Paulo, Ed. Departamento de Cultura, 1944, passim; Antonio Egydios Martins, *São Paulo Antigo*, São Paulo, Tipografia do Diário Oficial, 1912, vol. II, passim; o número do *Diário de S. Paulo* de 22-12-1874; um estudo de Francisco de Assis Vieira Bueno, publicado em capítulos na *Revista do Centro de Ciências, Letras e Arte de Campinas*, de 1903, nº 1 e seg. com o título "A cidade de São Paulo",

Por volta de 1850 não existiam quase italianos em São Paulo; em 1882 Junius calculava, não sabemos com qual fundamento, que houvesse mais ou menos 6.000. Depois de 1885, tendo o Imperador D. Pedro II concedido o reembolso das despesas de viagem aos emigrados da Itália, as chegadas se intensificaram. Se, então, alguma relação pode ser feita entre o aparecimento do imigrante italiano e o progresso contemporâneo da cidade[5], achamos interessante, com a finalidade de poder depois melhor avaliar o sentido e a importância de tal ação, referirmo-nos aos testemunhos de então para descobrir que aspecto mostrava a cidade de Piratininga entre 1860 e 1880. Um século mal e mal se passou, mas, frente a um processo evolutivo tão acelerado, parece-nos que voltamos o olhar para um período da história muito mais longínquo de nós.

São Paulo era então um lugarejo silencioso: casinhas de taipa, com telhados muito salientes e irregulares, se seguiam nas ruelas do "triângulo central". Existiam no centro os largos "do Colégio", "da Sé", "da Misericórdia", "de São Francisco" e "de São Bento", com as respectivas ruas que ligavam os vários largos entre si: a "Rua Direita da Misericórdia para Sto. Antônio", a "Rua Direita de São Bento a São Francisco", etc.[6] Além deste núcleo compreendido entre o rio Tamanduateí e o rio Anhangabaú, existiam vielas como aquela "dos Piques", "da Liberdade" e "da Glória".

A "várzea do Carmo", ao sul, era um grande charco; ao norte, além do velho Teatro São José, além do lamacento "Largo

---

e Paulo Cursino de Moura, obras citadas, passim. Os principais acontecimentos pelos quais os historiadores datam o início do impressionante progresso paulista a partir daqueles anos foram: a) a inauguração em 1870 da linha de bondes. Embora se tratasse de poucas carroças pequenas e abertas, puxadas por deploráveis burrinhos, não deixava de ser o início de um serviço de transporte coletivo (vide o artigo anônimo "Os serviços da Light em S. Paulo" no Almanaque de *O Estado de S. Paulo* de 1940); b) a eleição para a presidência da Província de São Paulo, de João Toledo Xavier, homem de talento excepcional, desejoso de trazer à cidade as melhorias necessárias; c) o início da construção do hospital "da Beneficência Portuguesa" em 1873; d) a abertura do "Instituto da Cultura Popular" que, uma vez modificados os programas e mudada a sua sede, é o atual Liceu de Artes e Ofícios de São Paulo. Enfim, o início da imigração organizada. Para mais detalhadas informações sobre o período precedente, vide: Nuto de Sant'Anna, *São Paulo Histórico*, obras citadas.

5. Yan de Almeida Prado (artigos citados) o admite sem dúvida.

6. Para uma ampla descrição de São Paulo daquela época vide Paulo Cursino de Moura, *op. cit.*

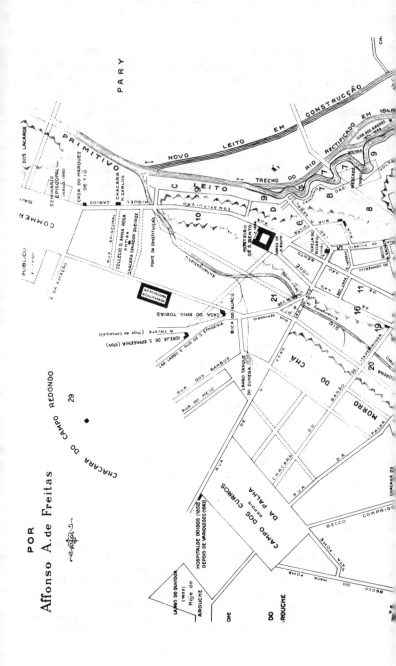

Fig. 5 – "Plan'história da Cidade de Sã

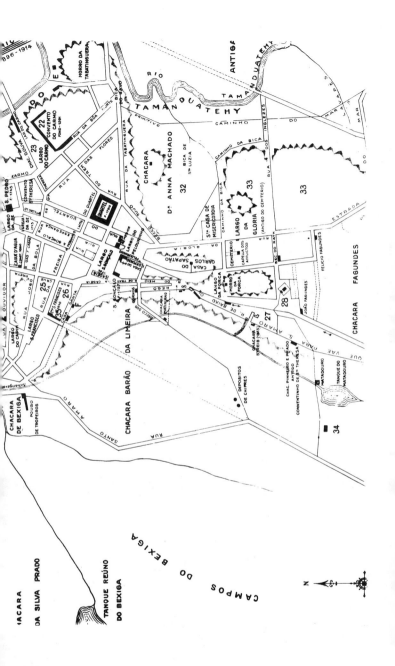

, 1800-1847, por Affonso de Freitas.

Fig. 6 — A primitiva Igreja e Largo da Sé, 1862 (B. M.).

Fig. 7 — Largo, Colégio e Convento do Colégio em 1862, servindo de Palácio do Governo Provincial (B. M.).

Fig. 8 – Igreja N. S. dos Remédios no antigo Pátio da Cadeia, atual Praça João Mendes, 1862 (B. M.).

Fig. 9 – Cadeia, Sala da Câmara e Júri, 1862 (B. M.).

7 de Abril" (hoje Praça da República), se estendia, quase deserto ainda, o futuro bairro de Santa Cecília. O sonho avançado de Jules Martin, de transpor com uma ponte de ferro o Vale do Anhangabaú, não tinha sido ainda realizado[7]. Enfim, São Paulo daquela época enquadra-se no grupo das cidades que os portugueses tinham construído na América, eficazmente descritas pelo Dr. Sérgio Buarque de Holanda[8], e cujos defeitos e cujo encanto provinham do fato de os portugueses deixarem-se guiar pela natureza do local e a seguirem.

As casas, os edifícios comerciais eram conhecidos pelo nome dos principais inquilinos, ou então indicados tomando como ponto de referência algum edifício vizinho conhecido. Também nas petições às repartições públicas daqueles anos e dos seguintes, achamos, por exemplo, as indicações "pouco além da Santa Casa de Misericórdia", "perto do Instituto Dona Rosa", o que nos faz pensar numa cidadezinha pequena e pacífica, na qual todos se conhecem[9].

As lojas, as vitrinas no centro eram poucas e mal arrumadas, razão porque, quando na "Rua da Imperatriz" (agora XV de Novembro) se inaugurou a então moderna "Casa Garraud", que expunha as últimas novidades internacionais em livros, revistas, artigos para presentes, fumo e cigarros, e quando abriu as portas o "Ristorante Progredior", em local enfeitado de vidros, espelhos e estuque, os bons paulistas acreditaram sonhar[10].

Julgando pelos poucos edifícios que sobraram, pelas fotografias, e pelas notícias que dizem respeito àquela geração, os construtores que ergueram e decoraram o ambiente agora croquisado não se afastaram dos moldes tradicionais da arquitetura colonial portuguesa. Para os "palacetes" da cidade tinham traçado plantas elementares, com dois ou, raramente, três anda-

---

7. A "Companhia Paulista Viaduto do Chá" foi fundada em 1882; o viaduto de Martin foi inaugurado em fins de 1892.

8. Sérgio Buarque de Holanda, *op. cit.*, p. 72.

9. Ver Arquivo Histórico, "Obras Particulares", 1879, vol. E.I.4 (Rua da Glória) e 1886, vol. E.I.8 (Rua Senador Queirós).

Embora os paulistas preferissem tratar com as indicações acima citadas, desde 1852, o fiscal da cidade havia dado ordens para que fosse feita uma numeração, reservando os números pares para um lado da rua e os números ímpares para o lado oposto. O início de cada rua devia ser considerado o que se encontrava ao lado da Sé, a Catedral.

Vide Nuto de Sant'Anna, *São Paulo Histórico*, vol. IV, p. 49.

10. Ver Freitas Vale, conferência sobre D. Veridiana Prado, pronunciada no Museu de Arte de São Paulo em novembro de 1948, manuscrita junto à Secretaria do Museu.

Fig. 10 — Hospital da Beneficência Portuguesa, 1887 (B. M.).

Fig. 11 — Café Americano, ao centro da foto, Rua 15 de Novembro, 1894 (B. M.).

res. Sob telhados muito salientes revestiam de azulejos policrômicos as fachadas planas, com janelas e portas sinuosamente retocadas com reboque e vidros polilobados de diversas cores. Às estreitas aberturas tinham adaptado, quase encaixados de tão pouco se sobressaíam, devido à sua pequenez, balcõezinhos com balaustradas de ferro batido, devido a um hábil artesanato local, que, como veremos, continuará a forjar ornamentos finos e elegantes até os primeiros anos de 1900 (do século vinte).

Tudo isto podemos ver, ainda hoje, aqui em São Paulo, no Hotel Lagoinha, na Rua Brigadeiro Tobias[11], que é de 1866; em uma casa da Rua Tabatinguera[12], de 1888; em parte das casas da Rua José Bonifácio 154 e na Rua São Bento 503, que têm o andar térreo refeito posteriormente. Uma fachada característica desse tempo foi reproduzida por Yan de Almeida Prado[13]; uma outra, belíssima, foi a antiga fachada do hospital da Beneficência Portuguesa (Fig. 10), da qual resta a fotografia[14]. Uma terceira era aquela do "Café Americano", do qual juntamos a fotografia (ver Fig. 11).

Mas com certeza o exemplo mais significativo é a deliciosa casa da Rua Anchieta[15] (Fig. 12), que não sabemos com exatidão a que ano remonta[16].

Em centros urbanos mais conservadores, como Santos e muitas localidades de Minas Gerais, podem se encontrar exemplos mais numerosos e característicos desta arquitetura e nitidamente colher o elemento que constitui sua maior atração: um acentuado gosto pela cor.

Nas localidades longe do centro e entre as chácaras, foi se difundindo o uso do chalé de um andar, com o alpendre

11. No nº 614.

12. No nº 362.

13. Na revista *Habitat*, artigo citado.

Na Rua da Consolação, 197, existe uma pequena casa cuja parte superior é ligeiramente recuada; entra neste grupo de edifícios de gosto português. O andar térreo foi reconstruído em 1875 em estilo neoclássico.

14. Ver "Álbum Comparativo da Cidade de São Paulo", já citado.

15. No nº 40.

16. Intencionalmente não citamos a Chácara da Glória, como diz justamente Yan de Almeida Prado (*Habitat*, art. cit.), a mais bela casa de São Paulo. Nós a temos como muito anterior às obras acima citadas, e apresenta alguns detalhes diferentes, que requeririam um estudo particularizado, por certo muito interessante, porém que vai além dos propósitos deste trabalho.

Fig. 12 — Casa da Rua Anchieta, n.º 40, hoje não mais existente.

Fig. 13 — A Chácara Mauá, atual bairro dos Campos Elíseos, em 1868 (B. M.).

coberto para o qual davam janelas e portas segundo o gosto proveniente da corte, justificado pelo clima quente.

Foram as grandes chácaras, situadas além do perímetro urbano de então, vendidas e sucessivamente subdivididas em lotes de terreno, a assinalar uma direção à expansão da cidade: em 1874 foi levada a leilão a grande Chácara das Palmeiras, que pouco a pouco foi transformada nas ruas Baronesa de Itu, Martim Francisco, Barão de Tatuí, Albuquerque Lins, Avenida Angélica, Alameda Barros, etc.[17]. Em 1879, Frederico Glete vendia a Chácara Mauá (Fig. 13) e, abrindo as ruas do Triunfo, dos Andradas, dos Gusmões, Duque de Caxias, etc., dava início ao atual bairro dos Campos Elíseos, onde, por volta de 1887, fervilhava a atividade dos mestres-de-obras italianos[18]. Por volta de 1876, um sindicato de capitalistas adquiria a antiga Chácara do Chá e abria as ruas: Marquês de Itu, Amaral Gurgel, General Jardim, Cesário Mota, Major Sertório, etc.[19], que até agora conservam numerosas casas erguidas pelos italianos, especialmente entre os anos de 1892 e 1894[20].

Os bairros do Brás, da Consolação, do Bom Retiro e do Cambuci, conhecidos como bairros italianos, tiveram início após a proclamação da República e entre 1894 e 1896 viram centenas de casas alinharem-se nos quilômetros de novas ruas.

17. Ver: A. Martins, *op. cit.*, vol. 2º, pp. 132 e ss.

18. *Idem*, pp. 13 e 14. Ver Fig. 12.

19. A Chácara do Chá que apontamos não tem nada que ver com o Viaduto do Chá; vide A. Martins, *op. cit.*

20. Vide volumes do Arquivo Histórico, Obras Particulares, E. 2.33 e seguintes.

2. INFLUÊNCIA DO NEOCLASSICISMO ITALIANO EM SÃO PAULO

O neoclassicismo difundido pelos alemães

Renovada então, repentina e radicalmente, São Paulo produziu em quem aqui esteve para visitá-la no início de 1900 a impressão de ser mesmo uma cidade italiana e do período neoclássico; nós acrescentaremos após um atencioso exame daquilo que sobra da época. Analisando bem, porém, as formas, sob este denominador comum, algumas diferenças nas construções daqueles anos nos permitem distinguir três grupos, nitidamente individualizados. Um grupo é constituído pelas construções devidas aos alemães; um segundo pelas obras de Bezzi, Pucci, e de alguns construtores que foram por elas influenciados; um terceiro, por fim, pelas modestas casas dos mestres-de-obras italianos imigrados em massa após 1880.

O primeiro neoclássico conhecido por São Paulo, apesar de ter aparência tipicamente italiana, foi de execução alemã,

33

Fig. 14 — Grande Hotel, à Rua Líbero Badaró, esquina com a Rua Miguel Couto, hoje não mais existente — Puttkamer, 1878.

devido a uma quantidade de engenheiros e arquitetos vindos da Alemanha, que trabalhavam para as famílias dos grandes fazendeiros estabelecidos na cidade, ou para os seus patrícios, entre os quais se distinguiam Frederico Glete e Nothmann. A colônia alemã já era florescente em São Paulo desde 1860[1]. Pelas plantas conservadas nos livros do Arquivo Histórico, foi-nos possível reunir um grupo de construções em redor dos nomes daqueles que parecem ter sido os mais ativos construtores alemães.

Daquele Puttkamer, que era primo por afinidade do Príncipe de Bismarck, conhecemos somente o antigo Grande Hotel, o qual, pelo que nos consta, é o primeiro edifício neoclássico de alguma importância construído em São Paulo. Monta a 1878. Primeiro exemplo de um grande hotel construído no Brasil, suscitou durante anos a admiração dos viajantes e o orgulho dos paulistas, a tal ponto que a data da sua inauguração[2] ficou marcada nos anais do progresso da cidade[3].

Profundamente reformado no interior, refeita a fachada em 1894, sem alterar em nada o desenho primitivo[4], hoje está parcialmente conservado, de modo a nos informar suficientemente a respeito desse neoclassicismo vagamente inspirado em formas paladianas, severo e sem ornamentação, não sem um valor arquitetônico. Sobre as aberturas de arco pleno, muitas vezes delineado, que formam o andar térreo, estendem-se duas séries de janelas com tímpano triangular e simplesmente arquitravadas, seja na fachada que dá para a estreita Rua Miguel Couto, certo tempo chamada Travessa do Grande Hotel, seja de quanto sobra do edifício da Rua Líbero Badaró e na Rua São Bento, onde originariamente era a fachada principal. A falta de toda decoração aplicada, que deturpa tanta arquitetura de 1800, e uma evidente inspiração do neoclassicismo italiano, são os aspectos mais evidentes desta e de outras obras alemãs neoclássicas em São Paulo. Para estas pensou-se até na influência de Vitruvio[5] (Fig. 14).

1. Vide Cursino de Moura, *op. cit.*, p. 235.

2. 1º de junho de 1878.

3. Vide o artigo citado de Yan de Almeida Prado em *Habitat*, Junius e A. Martins, *op. cit.*, Vol. I, pp. 15 e ss.

4. A fachada foi reconstruída em 1894 por Pucci e por Micheli, dos quais teremos ocasião de falar mais profundamente nos próximos capítulos. A reforma e a sua data resultam do volume E.2.50 do Arquivo Histórico, 1894.

5. Vide Yan de Almeida Prado, *Ilustração Brasileira*, 1929, art. cit.

35

Matheus Häussler, que foi o arquiteto do Conde Eduardo Prates, dos Paes de Barros, dos Nothmann e dos Chaves, além das muitas casas não mais existentes, projetou para Elias Chaves o Palácio dos Campos Elíseos[6] (Figs. 15 e 16), e cujo nome atual foi adotado justamente para aproveitar as iniciais E.C. que o antigo proprietário tinha feito gravar sobre os vidros e paredes.

A construção foi iniciada em 1896 e foi acabada nos anos seguintes por Cláudio Rossi, do qual trataremos nos capítulos seguintes e que seguiu fielmente o projeto de Häussler. O prédio foi em seguida reformado e ultimamente repintado de um modo horrível. O duplo porticado da fachada, as colunas lisas e com caneluras e os capitéis são elementos que nos levam para o renascimento italiano, aos quais se unem detalhes tipicamente nórdicos, como o telhado de mansarda e as águas-furtadas. Os medalhões com cabeças são acréscimos recentes.

Mais do que Häussler, aproxima-se, de Puttkamer, Julius Ploy, de todos talvez o mais trabalhador, autor dos dois palacetes à Rua São Luiz e Rua da Consolação, dos quais os livros do Arquivo atestam a paternidade e a data[7]: 1897 e 1898. Trata-se de duas residências amplas e finas. A fachada, simples e sem ornamentação, lembra, através de muitíssimos elementos, em especial pela maneira do requadramento da janela, o Renascimento italiano, enquanto o alpendre lateral segue o uso local, trazido a São Paulo pelos portugueses. Os dois palacetes podiam ser vistos, respectivamente, na esquina da Rua São Luiz com a Rua da Consolação e na Rua da Consolação, 268.

Ao lado desses três, encontramos outros nomes de construtores alemães, cujas obras são menos significativas para o nosso estudo: Johann Reick, Johann Blank, Fried e Eckmann e Oscar Kleinschmidt, autor de uma grande casa ainda existente na Rua dos Andradas, esquina com a Rua Gal. Osório. Esta casa, reduzida a várias lojinhas e apartamentos, deixa porém entrever aqueles caracteres de arquitetura simples e austera, na qual as proporções estão bastante harmoniosamente resolvidas, e que distinguiam as obras dos arquitetos alemães que trabalharam naqueles anos em São Paulo.

Achamos também o nome de Vilbeft e de Behmer, autor, este último, da casa da Rua Brigadeiro Tobias, 110, que foi demo-

6. O autor do projeto e a data de construção resultam do volume do Arquivo Histórico E. 4.100, 1846.

7. Os palacetes foram construídos por Julius Ploy em 1897 para os Souza Queiroz. Vide vol. 15 E.6. fl. 139 do Arquivo Histórico; e Yan de Almeida Prado, *Ilustração Brasileira*, setembro de 1929, art. cit.

Fig. 15 — Palácio dos Campos Elíseos na década de 1920. (Reprodução: *A Capital Paulista Comemorando o Centenário da Independência*).

Fig. 16 — Fachada posterior do Palácio Campos Elíseos em 1980. (Foto Luiz A. Passaglia).

lida. Este palacete, desajeitado e pesado (ver Fig. 17), é um dos poucos remanescentes das residências construídas naqueles anos na Rua Brigadeiro Tobias, que reunia as mais ricas e mais elegantes habitações da época.

Na Alemanha, país que, é notório, só tardiamente acolheu e reproduziu a arquitetura renascentista italiana, assim como a seu tempo a arquitetura gótica francesa[8], o neoclassicismo era sentido ainda vivo e vital, quando os arquitetos mencionados acima a deixaram.

Então, seja porque o tivessem aprendido na pátria, seja porque, atingindo a Itália, o tivessem absorvido diretamente dos monumentos do século XVI e da Antigüidade, os arquitetos que citamos puderam servir-se de uma linguagem em outros lugares superada e conferir a seu estilo a marca de uma escola comum. Só sobre este ponto de vista, nos interessam os arquitetos alemães que difundiram em São Paulo o gosto pelo neoclassicismo italiano.

Tommaso Gaudenzio Bezzi e Luigi Pucci

Na Itália o movimento neoclássico, surgido por razões essencialmente culturais, por volta de 1880 tinha cumprido toda sua parábola, substituído pelo ecletismo histórico romântico.

Os maiores arquitetos neoclássicos morreram há muito tempo: Piermarini em 1803; Pollak em 1806; Simone Cantoni em 1818; Cagnola em 1833 e Canonica em 1844.

Mas, devido à defasagem com que são importadas as novidades e a moda, no Brasil, em virtude daquela superposição de efeitos, típica de cada sucessiva chegada de emigrantes, enquanto na Itália imperava um ecletismo sem freios, Tommaso Gaudenzio Bezzi, procurado para projetar o monumento comemorativo da Independência do Brasil, no alto da colina do Ipiranga, fez um edifício que pode aparecer junto aos mais ilustres exemplos do neoclassicismo italiano.

Singular figura a de Tommaso Gaudenzio Bezzi, segundo as notícias gentilmente fornecidas pelos filhos e descendentes.

Iniciou muito cedo a vida militar, chegou a ocupar os mais altos postos no exército piemontês, tomou parte em bata-

8. Vide: Giedion, *op. cit.*, p. 63.

Fig. 17 — Palacete da Rua Brigadeiro Tobias, 110 – Behmer, 1897.

Fig. 18 — Palácio do Itamarati no início do século XX. (Reprodução: *The New Brazil*).

lhas que ficaram famosas na história do "Risorgimento Italiano", foi alvo das mais altas condecorações que se concediam então na Europa; depois deixou a farda, transferiu-se para a América do Sul, e lembrando ter um dia recebido o diploma de engenheiro, passou a trabalhar como arquiteto para o resto de sua vida.

Achamos interessante abrir aqui um parêntese para falar um pouco sobre a personalidade característica desse italiano, que ligou o seu nome ao mais importante documento de São Paulo de seu tempo, e descrever os fatos mais notáveis de sua vida, mesmo que estes nem sempre estejam estreitamente ligados à obra arquitetônica.

Nascido em Turim em 1844, Bezzi formou-se engenheiro-arquiteto na universidade local. Em 1860, muito jovem ainda, abandonou os estudos para se oferecer como voluntário nas campanhas de Garibaldi. Foi ferido em Cápua e mais gravemente em Milazzo, onde recebeu uma medalha de prata.

Em 1866, oficial do regimento da cavalaria do exército regular comandado pelo Duque D'Aosta, lutou em Custoza contra os alemães. Terminada a guerra, transferiu-se para o Uruguai e para a Argentina, onde sentiu novamente interesse pelo trabalho de arquiteto.

Transferiu-se para o Brasil em 1875, fixando-se no Rio de Janeiro, onde começou logo a construir. Explica-se assim como em 1882 a Comissão para o Monumento à Independência Brasileira[9] o qualificou como "arquiteto residente na Corte de reconhecido merecimento artístico"[10].

No Rio projetou o antigo "Banco do Comércio" à Rua 1º de Março (Fig. 19), que data de 1882; muitas residências, mais tarde demolidas para dar lugar a modernos arranha-céus, e o "Club Naval" na Avenida Rio Branco; reformou ainda o edifício Itamarati, sede do Ministério das Relações Exteriores (Fig. 18), cuja ala esquerda construiu inteiramente.

Tendo casado com Dona Francisca Nogueira da Gama Carneiro de Bellens, de muito nobre família brasileira, entrou para a "roda do imperador" e fixou-se definitivamente no

---

9. Em 1869 a Câmara de São Paulo instituiu uma comissão para trabalhar na Corte pela glória do Ipiranga. Seis anos mais tarde a mesma Câmara de São Paulo instituiu uma Grande Comissão Paulista encarregada de cooperar com a da Corte para a realização do monumento. É a esta comissão que nos referimos e nos referiremos cada vez que falarmos da Comissão do Monumento.

10. Ver Relatório do Presidente da Comissão, Barão de Ramalho, já citado.

Fig. 19 – Rio de Janeiro no início do século XX. O edifício da Bolsa na Rua Primeiro de Março. (Reprodução: *The New Brazil*).

Fig. 20 — Rua do Ouvidor. (Reprodução: *The New Brazil*).

Brasil. Há quem se lembre tê-lo visto passear de braço dado com D. Pedro II na Rua da Imperatriz (ora Rua XV de Novembro). Colecionador apaixonado de obras de arte, de objetos antigos, de produtos do artesanato local, de minerais, deixou aos filhos várias coleções preciosas bem ordenadas e catalogadas. Pareceria que lhe agradava fazer coleções de títulos, também: foi membro do Instituto dos Engenheiros Civis em Londres; tenente-coronel e delegado da "Croce Rossa Italiana in Brasile"; comendador da "Corona d'Italia"; oficial da "Ordine dei SS. Maurizio e Lazzaro"; oficial da Legião de Honra Francesa. Além disso recebeu várias condecorações militares nas campanhas de 1860 e 1866.

Um retrato dele, guardado no Museu do Ipiranga, nos mostra um simpático rosto de velho soldado, com grandes bigodes, uma tez rósea e uma fisionomia austera, vestindo uma farda coberta de fitas e medalhas.

Sentimentos de admiração e de amizade ligaram Bezzi a ilustres personalidades da vida brasileira de seu tempo, tais como o Visconde e Barão do Rio Branco, Joaquim Nabuco, Quintino Bocaiúva, Rui Barbosa; por outro lado manteve-se sempre um ardente italiano; foi fundador e presidente de muitas associações de fundo patriótico: a "Superstiti delle Patrie Battaglie", a "Veterani e Reduci", a "Unione Beneficente".

Morreu no Rio de Janeiro no dia 23 de maio de 1915, deixando cinco filhos[11]. Não tinha alunos nem colaboradores, pois sempre preferiu desenhar ele mesmo os próprios projetos, até nos mínimos detalhes, não admitindo nenhuma ajuda.

Em um bilhete que foi conservado religiosamente pelos seus herdeiros, Anatole France declara admirar o talento e o caráter de Bezzi. Parece-nos que a descrição da sua vida e o exame das suas obras confirmam a agudeza desse parecer.

Em São Paulo, além do monumento para a Independência, Bezzi projetou um velódromo na Rua da Consolação, num terreno de propriedade da família Prado, e uma casinha para o porteiro da "Chácara do Carvalho". Desses dois trabalhos nos restam apenas os desenhos do Arquivo Histórico[12] e o tes-

---

11. A um desses filhos é que devemos grande parte das notícias sobre a vida do arquiteto.

12. Para o velódromo, vide 1886, vol. E. 4.101.

Para a casinha, vide 1887, vol. E. 127.

43

temunho dos filhos do Conselheiro Antônio Prado. As pranchas do velódromo apresentam uma planta oval de grandes dimensões e uma vasta arquibancada[13].

A respeito do pequeno edifício da Chácara, o Dr. Luigi Prado lembra que foi construído por Bezzi com um cuidado e um estudo de detalhes tal que, embora pudessem parecer excessivos dada a pequena importância atribuída à obra, os mesmos, todavia, servem para demonstrar a índole do arquiteto. De fato, ele havia construído uma casinha provisória ao lado da obra onde passava horas e horas no estudo escrupuloso da mesma. Por isso lamentamos que no desenho do arquivo apareçam apenas as medidas necessárias para obter a aprovação para a construção.

O mais válido documento para o conhecimento de Bezzi é o edifício do Museu do Ipiranga. Este nos pode também explicar o aparecimento de muitas construções paulistas nos anos seguintes, as quais, baseadas no estilo coríntio e tendo por molde as "Cinco Ordens" de Vignola, tolerando além do mais a ornamentação superposta e os constrastes entre cheios e vazios, se diferenciam do neoclassicismo importado pelos alemães, e, juntamente com o próprio Museu, podem constituir um grupo à parte.

O problema da execução de um monumento que fizesse lembrar às gerações futuras a proclamação da Independência no mesmo lugar onde esta se efetuou ocupou o pensamento dos paulistas e de todos os brasileiros durante quase um século: a partir de 1823, quando José Bonifácio permitiu que se abrisse uma subscrição pública para o arrecadamento dos fundos necessários, até 1922, primeiro centenário da histórica data, quando o monumento foi terminado, ainda que na reduzida edição atual.

Folheando-se os anais da *Província de São Paulo*, analisando os artigos de fundo de Rangel Pestana; consultando as atas da Câmara e as leis da Assembléia; lendo os numerosos relatórios feitos pela Comissão do Monumento, resulta-nos uma muito atribulada história. Desta nos interessa apenas dar relevo às datas principais e sublinhar o fato (que é, ao mesmo tempo, indício de liberalidade por parte dos dirigentes brasileiros e motivo de orgulho para os artistas italianos) de, para projetar e construir um edifício de tal importância, terem sido chamados dois italianos.

13. Numa planta de São Paulo de 1905 (conservada no Arquivo da Prefeitura, na Rua Líbero Badaró) aparece o velódromo, enorme, entre as ruas da Consolação, Santo Antônio, Martiniano Prado e Major Quedinho.

No dia 25 de outubro de 1882 a Comissão encarregou Bezzi da execução do projeto; no fim do mesmo ano foi colocada a pedra fundamental do edifício em cerimônia solene e com desfile de 300 operários "com picaretas e pás enfeitadas, transportando a pedra em padiola da Rua São Bento até ao alto do Ipiranga"[14].

Na realidade, porém, os trabalhos foram iniciados somente em 1885 e dados por encerrados em 1889, ficando por terminar as escadarias e o átrio, porque não haviam chegado em tempo da Itália os materiais necessários.

Acha-se guardada no Museu a maquete do projeto original, executado somente em parte, tendo sido diminuídas, na execução, as duas alas laterais que, avançando muito além do alinhamento do corpo central, deviam delimitar o espaço frontal do edifício.

A planta em E, extremamente elementar, apresenta uma série de vãos quase idênticos alinhados sobre pórticos e corredores e destinados, num primeiro tempo, a servir como salas de aula[15]; e uma entrada monumental ao centro a partir da qual se bifurca a escadaria que leva ao andar superior.

Fora, o corpo central, com frontão triangular e colunas coríntias emparelhadas, tem ligação com as alas laterais mediante dois pórticos duplos com pequenas colunas e pilares da mesma ordem; pórticos estes que, com as zonas de sombra criadas pelos profundos vazios, constituem, a nosso ver, a parte mais harmônica e agradável do edifício (Figs. 21, 22 e 23).

A falsa bossagem em carreiras horizontais no andar térreo repete com o mesmo ritmo as aberturas, os pilares e os arcos do primeiro andar.

A parte posterior é igual à anterior, com exceção dos pórticos que foram substituídos por janelas em arco, com vários perfis em saliência*.

14. Vide *A Província de São Paulo*, 12-12-1882.

15. Uma das razões que levaram os membros da Comissão a transformar o edifício em Museu foi que as salas, obedecendo a critérios puramente artísticos, sem levar em conta as exigências impostas pelo clima, acharam-se todas voltadas para o sul, isto é, desprovidas de sol. Vide a já citada obra de Taunay, p. 22.

Os brasileiros, mais do que os italianos, preocuparam-se sempre muito com a orientação de salas de aula e quartos de moradia para o norte. Na Europa, de fato, as salas de aulas são voltadas para o norte porque a luz calma e constante sem sol é essencial para o estudo. Através de outros meios trata-se do aquecimento.

* "In Sguancio", no original, no sentido de "envigado", ou seja, abrindo um ângulo.

Fig. 21 — Monumento da Independência Brasileira, sede do Museu Paulista — G. T. Bezzi, 1882-1889. (Reprodução: *The New Brazil*).

Fig. 22 — Interior do Museu do Ipiranga. (Reprodução: *The New Brazil*).

Fig. 23 — Corredor do Museu do Ipiranga. (Reprodução: *The New Brazil*).

As estruturas externas, a decoração, feita de palmetas, frisos e contornos; o ático que coroa o edifício; os nichos com estátuas, os tímpanos das janelas; até mesmo o desenho de algumas aberturas, com um óculo redondo encaixado sobre uma janela de tímpano, que dir-se-ia copiado integralmente de um famoso exemplo piranesiano[16]; enfim, todos os elementos decorativos e construtivos de que se valeu Bezzi fazem parte de um abusado e antiquado vocabulário neoclássico.

Mas Bezzi soube compor os diferentes elementos com um correto senso das proporções, de coerência e bom gosto, sem cair (fora algumas falhas que citaremos logo mais em nota)[17] naquela fragmentariedade e maneirismo que aparecerão em muita arquitetura posterior, executada em São Paulo a partir de modelos análogos.

Refinado e culto, ele havia adotado a linguagem neo-clássica não como fórmula inerte, mas por uma espontânea e viva aderência àquelas formas. Sua obra não foi por certo uma obra de poesia, mas uma boa, honesta e penetrante lição de classicismo; e os contemporâneos, desde Pucci até o primeiro Ramos de Azevedo, seja porque sentissem sua profundidade e seu valor, seja porque seguissem a moda por ele importada, a relembrarão por muito tempo.

> Obras, porem, ha, feitas nestes ultimos cinco annos, pelo arkitecto Ramos de Azevedo, pelo italino Pucci e por outros extrangeiros, que são realmente primores de arte. Júlio Ribeiro[18]

É-nos agradável pensar que o profundo conhecimento que Bezzi possuía da arte de construir e que o cuidado que dispensava ao estudo e à realização das próprias obras tenham sido os melhores exemplos para Luigi Pucci, que, mesmo não sendo engenheiro, tornou-se um construtor de valor e ganhou o concurso, aberto pela Comissão do Monumento do Ipiranga, para a execução do projeto de Bezzi.

Pucci deve ter marcado época lá para os fins do século, pois ainda hoje é citado e conhecido pelas pessoas cultas de São Paulo, como um dos arquitetos italianos de maior importância.

16. Ver igreja do Priorato em Roma.

17. Observem-se as janelas da fachada posterior, subdivididas horizontalmente, sem que a divisão corresponda a exigências construtivas. De subdivisões falsas como esta, estará carregada a arquitetura de Ramos de Azevedo e dos seus colaboradores.

18. Júlio Ribeiro, *A Carne*, São Paulo, Ed. Francisco Alves, 1946, p. 2.

47

As obras a ele atribuídas, com segurança, são poucas, talvez por ter sido demolida a maior parte delas. Mas ao lado das mais conhecidas chegamos a individualizar outras, de tal forma que nos foi possível tornar suficientemente claro o seu estilo.

Nascido em Grassina (província de Florença) em 1853, Pucci estudou no seminário florentino, revelando uma forte inclinação pela matemática e verdadeira paixão pela astronomia. Somente depois de ter emigrado para o Brasil é que se dedicou ao ramo da construção; e data de 1883 a primeira notícia, que conseguimos obter, relativa à sua atuação em São Paulo. Nessa data realmente ele pertencia à comissão de engenheiros encarregada de examinar a planta apresentada por Bezzi[19]. Em maio do mesmo ano participou do concurso para a construção do edifício, em sociedade com J. Pinto Gonçalves, mas foi somente em 1885, depois de muitas decisões contraditórias do Presidente da Província, que ganhou o concurso novamente aberto, ao qual concorreu sozinho.

Os seus conhecimentos matemáticos, sua vasta cultura, um bom gosto inato e uma grande força de vontade ajudaram-no decisivamente no aperfeiçoamento do ramo que escolheu; e Bezzi estava informado a respeito, pois tendo sido consultado pela comissão, designou-o como sendo o elemento mais idôneo para a execução de seu projeto, graças às suas qualidades artísticas[20].

Por outro lado, Pucci devia ter, nesta época, uma organização muito bem aparelhada, a se julgar pelo fato de poder instalar uma máquina a vapor para a tração dos vagões que transportavam o material, diretamente, da estação ferroviária "Inglesa" para o canteiro da obra.

O Presidente da Província, Dr. Francisco Antônio de Souza Queiroz, dirigiu-se especialmente ao local para ver funcionar a máquina a vapor, da qual os membros da Comissão muito se orgulhavam, como também dos meios modernos e eficazes usados por Pucci na direção e execução dos trabalhos. A esse respeito pronunciou-se o Barão João de Ramalho, no seu relatório, com satisfação e admiração particulares. Se considerarmos o pedido existente no Arquivo do Estado, no qual

19. Cf. o *Correio Paulistano* de 30 de janeiro de 1883.

20. Cf. o Relatório do Conselheiro Joaquim Ignácio Ramalho, anteriormente citado.

48

Daniel Rath, encarregado "dos trabalhos preliminares para o projeto do monumento do Ipiranga", em 1872, pedia "uma gratificação de 4.000 réis diários, visto ter despendido quase todos seus vencimentos com o aluguel de um animal para seu transporte diário"[21], podemos facilmente compreender tal satisfação. Se além do mais dermos uma olhada nas fotografias de 1920 que mostram o caminho do Ipiranga[22], nos daremos conta da eficiência de Pucci, o qual no período de quatro anos conseguiu dar por terminada a construção que lhe havia sido confiada.

A fiel e rápida execução do projeto de Bezzi aumentou a fama de Pucci e fez com que ele se tornasse conhecido e estimado pelas melhores famílias paulistas.

O Dr. Eulálio da Costa encarregou Pucci do projeto e da construção de um prédio à Rua Florêncio de Abreu, que, juntamente com a Rua Brigadeiro Tobias, começava a abrigar as mais elegantes residências da cidade.

No prédio que existe ainda atualmente, que data de 1891 segundo os documentos do Arquivo Histórico[23], notamos um cuidadoso estudo de proporções e uma sóbria elegância. No primeiro andar, em falsa bossagem as portas com arquitrave são coroadas por frisos de flores e frutas característicos do século XV. O andar nobre com amplo balcão, e o terceiro andar, tipicamente neoclássicos, apresentam arcos com vários perfis e coluninhas coríntias bem harmonizadas com a austeridade da fachada[24] (Fig. 24).

Entrando nas altas rodas da sociedade de São Paulo, Pucci tornou-se íntimo dos Prado: Dona Veridiana o considerava um dos amigos mais caros, e o Conselheiro Antônio, uma das personalidades de maior influência da época, o encarregou do projeto e da construção do palacete da "Chácara do Carvalho" (Fig. 25), na qual morou pelo resto da vida, e onde reuniu, durante a sua brilhante carreira, a fina flor da intelectualidade de São Paulo.

Coube, pois, a Pucci a construção dos dois mais famosos edifícios da cidade: ao Museu do Ipiranga ainda hoje se dirigem muitos brasileiros e estrangeiros e a "Chácara do Carvalho" foi durante muitos anos o centro das atenções dos paulistas.

21. Arquivo do Estado. Documentos da Inspetoria Geral de Obras Públicas, 6 de dezembro de 1872,

22. Vide A. de E. Taunay, *Guia,* já citada, pp. 8, 16 e 36.

23. Ver pedido apresentado por Pucci ao Arquivo Histórico em 1891. "Obras particulares", vol. E.2.25. O prédio acha-se à Rua Florêncio de Abreu, 217 (antigo nº 21) (Figs. 24, 25 e 26).

24. Cf. fotografia anexa nº 8.

Fig. 24 — Edifício da Rua Florêncio de Abreu, 217 — L. Pucci. 1891.

Fig. 25 — Mansão da Chácara do Carvalho — L. Pucci, 1891-1893. (Foto Luiz Passaglia).

Fig. 26 — Casa da Rua Veridiana, 527 — atribuída a L. Pucci, 1893.

Fig. 27 — Hospital da Santa Casa de Misericórdia em 1887. (B. M.).

Situada numa chácara isolada, a mansão de Antônio Prado foi um dos incentivos para o desenvolvimento dos bairros da Barra Funda e dos Campos Elíseos. O primeiro bonde elétrico inaugurado em São Paulo, em maio de 1900, foi o que ligava a Chácara ao centro, indo desde o Largo São Bento, atravessando as Ruas Líbero Badaró, São João, do Seminário, Barão de Limeira e a Alameda Antônio Prado, nas quais haviam sido construídas, nos últimos anos, modernas e elegantes moradias pelos mestres italianos[25].

O palacete, que presume-se datar dos anos de 1891-1893[26], apresenta um antecorpo com função de pórtico, sustentado por delicadas coluninhas emparelhadas e recoberto por uma fina ornamentação em estuque, de gosto renascentista. Duas torrinhas laterais, com 3 vãos sobre cada fachada, tornam mais leve a construção, enquanto que as janelas são arcadas com muitos ressaltos ou com tímpano triangular. Delicados monocromos recobrem no interior paredes e portas e contribuem para a criação daquele tom de gosto e refinamento pelo qual a vila dos Prado se destaca nitidamente da maior parte das habitações construídas naqueles anos em São Paulo. Como acontece também no Museu de Bezzi, lamenta-se que tenha sido feita em material tão pobre (ver Fig. 25).

Embora não tendo encontrado nenhum documento que possa valorizar a nossa atribuição, não exitamos em colocar entre as obras de Pucci duas casas gêmeas, que Dona Veridiana Prado havia mandado construir naqueles anos na rua que mais tarde tomou o seu nome[27].

As duas casas têm um pórtico duplo ao centro e, aquela de esquina, uma torrezinha um tanto pesada, que encontramos em muita arquitetura da época e dos anos seguintes[28].

---

25. Cf. o artigo "Os Serviços da Light em São Paulo", já citado.

26. A data indicada como provável pelo filho do conselheiro Antônio, Dr. Luigi da Silva Prado, pode talvez considerar-se confirmada pelo pedido apresentado pelo mestre-de-obra Giuseppe Merlini em novembro de 1892, para trabalhos "na Chácara do Carvalho", conforme os livros do Arquivo Histórico. "Obras Particulares", E.2.30, fl. 80.

27. Números atuais: 521 e 527 (antigos 57 e 59). O ano de construção, 1893, está marcado embaixo da torre da primeira casa. Nos volumes do Arquivo achamos somente o pedido, assinado por D. Veridiana em julho de 1894, para que lhe fosse indicada a posição da guia para a execução da calçada diante de seus dois "prédios recentemente construídos e ainda sem números, em frente à sua casa". Vol. E. 3.57, fl. 110.

28. Ver Fig. 26).

Fig. 28 — Avenida Rangel Pestana, antiga Rua do Brás, em 1914.

Fig. 29 — Vista da Cidade, lado N. O., tirada da Torre da Estação da Luz, 1914.

Foram por outro lado guardadas as plantas que Pucci apresentou em 1895 para as mansões que o Conselheiro Antônio Prado mandou construir na Alameda Antônio Prado, para as duas filhas[29].

Em uma delas, a da esquina da Rua Vitorino Carmilo, aparecem, menos elaborados, os motivos renascentistas já observados nos trabalhos precedentes de Pucci, enquanto a outra, através de claros elementos góticos, usados também com exatidão e coerência, nos leva novamente a falar da capela e da parte central da Santa Casa iniciadas por Pucci e terminadas por Micheli (Fig. 27). Pela imitação de um gótico à italiana, lembrando o românico, esses edifícios da Santa Casa tomaram um cunho característico que foi respeitado por todos os construtores que posteriormente reformaram-na[30].

Atualmente, construir um hospital em estilo gótico ou românico nos parece absurdo; mas então estava na moda inspirar-se nos ilustres exemplos medievais; e a moda havia acabado de chegar e estava sobrepujando àquela imperante e já um pouco estanque, do neoclassicismo.

Achamos, porém, que todos os aspectos de caráter eclético que se verificam nas obras mais avançadas de Pucci caibam ao seu colaborador, o arquiteto Micheli, o qual havia chegado há pouco no Brasil; e tendo percorrido meia Europa, estava muito bem informado a respeito de tudo quanto estava em moda no velho continente. Pucci, construtor honesto e escrupuloso, mas por certo não um espírito brilhante ou inovador, continuou repetindo fielmente, durante toda a vida, os modelos neoclássicos prediletos.

Pucci traçou e construiu também ruas, galerias, canais e passagens, no centro e na periferia da cidade, que começava então delinear-se nos trechos principais e expandir-se[31].

Projetou também a rua que deveria ligar o Monumento da Independência à cidade e estudou a instituição de uma linha de bondes que, tal como a estrada, deveria partir perpendicularmente ao eixo do edifício e, através das ruas da Moóca e Piratininga, atingiria a Rua do Brás (Fig. 28), diante da igreja principal.

---

29. Arquivo Histórico – "Obras Particulares", vol. E. 3.60, 1895.

30. Da obra de Micheli na Santa Casa teremos ocasião de falar mais adiante, p. 101.

31. Ver Arquivo Histórico – Obras da Intendência Municipal – anos de 1895, 1897, 1898.

Mas a Comissão, por falta de fundos, somente pôde mandar projetar o traçado[32].

A partir de 1894 o nome de Pucci acha-se sempre ao lado do de Giulio Micheli, ao qual se associou e deixou seu estúdio. Antes da sua partida definitiva para a Itália, onde deveria morrer, viveu em um palacete da Avenida Paulista, no qual havia mandado construir uma cúpula giratória, onde retomou as suas observações astronômicas, tão caras para ele desde a infância.

Entre os italianos chegados a São Paulo antes das grandes imigrações, devemos ainda citar o engenheiro Bianchi Betoldi, o engenheiro Bertolotti e Cláudio Rossi, figuras interessantes mesmo que não em um campo exclusivamente arquitetônico.

Rossi, que foi cenógrafo e empresário, e que chegou em São Paulo pela primeira vez em 1871, será mais focalizado no capítulo dedicado àquele núcleo de decoradores que colaboraram com Ramos de Azevedo e se associaram a ele para a construção do Teatro Municipal[33].

Bianchi Betoldi, "espírito culto e entusiasta", segundo uma definição numa nota do Arquivo Histórico, fundou a "Loja América" juntamente com Américo Brasiliense, Luís Gama e Américo de Campos. Em 1885 tomou parte no concurso para a construção do Monumento da Independência, segundo o projeto de Bezzi, depois confiada a Pucci[34].

Em 1887 tinha um estúdio à Rua de São João (ora Rua Líbero Badaró), 17[35]. Nomeado diretor da seção de Obras Públicas da Prefeitura de São Paulo, seu nome é colocado enfim, em 1899, num projeto de sistematização da Vila Romana na Lapa e em numerosas plantas e cortes de estradas conservadas no Arquivo Histórico[36].

Nos últimos anos do século, juntamente com Pucci e Cláudio Rossi, foi convidado habitual de D. Veridiana Prado, nos jantares e reuniões onde desfilavam os mais significativos nomes da alta burguesia paulistana e dos mais ilustres estran-

---

32. Ver Relatório do Barão de Ramalho, já citado.
33. Ver pp. 75 e ss.
34. Ver Relatório do Barão de Ramalho, já citado.
35. Ver Almanaque da Província de São Paulo, 1887.
36. Ver Arquivo Histórico – "Obras da Intendência Municipal", ano 1899.

geiros reunidos naquela Chácara Maria, que, arquitetada e decorada sob modelos franceses[37], foi um centro de difusão da maneira de viver e da elegância parisiense.

Bertolotti, que se havia formado em engenharia em Bolonha, foi exilado por Depretis, por ser um socialista extremista, e veio ao Brasil em 1890.

No ano seguinte foi nomeado diretor da "Seção de Obras Públicas", através de concurso. Em São Paulo fundou o *Messagero* e dirigiu o *Avanti*. Das casas por ele construídas aqui só resta um desenho que ele mesmo conservou.

Em São Paulo, por outro lado, não trabalhou muito porque, tendo sido contratado pelos Puglisi, transferiu-se para Piracicaba na fazenda deles, onde construiu todas as casas, as estradas de ferro e as escolas. Estas, amplas e espaçosas, são admiradas ainda hoje. Em seguida passou para Calmon Viana, onde construiu as fábricas de cerâmica.

Não nos é dado portanto considerá-lo juntamente aos italianos que exerceram alguma influência na arquitetura de São Paulo; de qualquer forma quisemos recordá-lo, colocando-o ao lado de Bianchi Betoldi e de Rossi, como exemplo daquela emigração numericamente escassa de profissionais dotados de capacidade e cultura, emigrados da Península isoladamente antes das grandes levas regulares, e destinados a ter uma relevante influência na formação do gosto da nova Metrópole do Café.

Os mestres-de-obras

No Arquivo Histórico da Prefeitura[38] dirigido com profunda sabedoria e vastíssimo conhecimento histórico pelo Professor Nuto de Sant'Anna, existe uma sala onde se acham guardados 375 enormes volumes sob o título "Obras Particulares". Teoricamente, esses volumes contêm, encadernados em ordem cronológica, todos os pedidos que foram feitos às autoridades competentes, entre 1870 e 1906[39], para obter a permissão para

---

37. Foi arquitetada pelo francês Glasion, célebre projetista de jardins e parques. Vide Dr. Antônio Batista Pereira, conferência sobre D. Veridiana Prado, feito no Museu de Arte em 1948 e conservada aí mesmo em cópia datilografada.

38. Arquivo Histórico – "Cultura 4", Rua da Cantareira, 116.

39. Os pedidos de 1906 em diante acham-se conservados no Arquivo da Prefeitura.

construir ou reformar edifícios de uso privado, dentro do perímetro urbano de São Paulo. Dissemos teoricamente porque muitos pedidos devem ter sido perdidos. Somente assim pode-se explicar o fato de não termos conseguido encontrar os documentos de várias construções, apesar das pacientes pesquisas que fizemos[40].

Folheando os primeiros volumes pode-se pensar que estes não oferecem grande interesse, pois em muitos casos não está indicado o nome do construtor e raramente constam os desenhos dos edifícios. Entretanto, continuando a análise pode-se notar que esses documentos reconstituem a história daquela terceira corrente neoclássica da arquitetura paulista, que citamos na página 38 e que o estudo de tais pedidos oferece uma quantidade de observações úteis à história do imigrado italiano ainda que na maior parte dessas construções não haja uma precisa intenção artística. É uma crônica breve da história da imigração italiana em São Paulo, ilustrada pelas casas que os imigrantes construíram para si.

Os italianos chegados à nova terra encontraram uma série de dificuldades graves a serem superadas: o clima, a língua, os costumes, o sistema de trabalho, as pessoas, que eram diferentes dos que haviam deixado; provavelmente diferentes mesmo de como eles os haviam imaginado. Para resistir e vencer deviam possuir muito espírito de adaptação e uma grande tenacidade. E nós imaginamos que nas casinhas, que apareceram aos milhares no fim do século, os imigrados, que em muitos casos as construíam materialmente com as próprias mãos, eles tenham encontrado um refúgio. Juntamente com o primeiro sinal concreto de posse, a casa oferecia ao italiano a sensação de se ter ligado ao solo estrangeiro.

> Pesile Luigi, ignorando que para construir uma casa tinha que apresentar uma planta, construiu uma de operário, tendo sido ultimamente informado, vem pedir-vos respeitosamente o alinhamento da sua casa... [41]

A casinha a que se refere esta petição era mais que modesta: dois quartos e uma cozinha. Mas graças a ela o imigrado podia retomar a vida que estava acostumado a viver e começar a ambientar-se no país novo.

40. O responsável pelos volumes citados no Arquivo nos certificou que muitos foram perdidos antigamente.

41. "Obras Particulares", vol. E. 2.37.

Fig. 30 — Rua da Quitanda esquina com a Rua XV de Novembro, a esquerda o edifício sede do London and Brazilian Bank em 1914.

Fig. 31 — Rua Ipiranga no início do século XX. (Reprodução: *S. Paulo*, Menotti Levi, Editor).

O ritmo das construções é eloqüentemente atestado pelos documentos do Arquivo: um volume pequeno recolhe os pedidos apresentados entre 1870 e 1873; para o ano de 1888, temos três volumes e para 1897 existem pelo menos uns quarenta e sete volumes.

Enquanto nos pedidos mais antigos não aparecem quase nomes italianos, são comuns os nomes de construtores alemães, o que confirma a nossa tese de que o neoclassicismo alemão foi o primeiro a se estabelecer em São Paulo. Em 1875 aparece algum italiano que pede para construir a casinha ou uma modesta oficina (ferreiro, carpinteiro, pintor). Nos anos de 1879, 1880, 1881, os que chegaram primeiro já estavam ambientados e tinham compreendido que o maior problema de uma cidade pequena, à qual chegam anualmente milhares de pessoas, é o problema do alojamento.

Ao lado dos operários que constroem a própria casa, começam pouco a pouco a exercer os pequenos profissionais, pedreiros e mestres que não sabem nem mesmo escrever claramente o próprio nome, e fazem casinhas que em nada diferem daquelas que os operários constroem para si. São na maioria casas geminadas ou uma série de casas iguais, divididas umas das outras por muros muito finos. A planta de todas é parecida; também em casas de maior importância ou de dimensões mais amplas aparecem sempre: uma entrada lateral, uma fileira de quartos, um ao lado do outro, uma cozinha e um quintal. Espaço não falta no planalto e a cidade se estende em superfície.

Com as sucessivas levas de imigrantes e com a expansão da cidade, o número de construtores vai aumentando e a importância dos então pequenos profissionais vai se afirmando.

Através de uma curiosa autopromoção, as mesmas pessoas que assinam os primeiros pedidos com uma letra rabiscada, com a incerta grafia do principiante, nos anos sucessivos passam a acrescentar ao próprio nome a especificação de: "mestre-de-obra", "construtor", e enfim "arquiteto"[42].

Em 1886 os nomes italianos já são numerosos; em 1888 os pedidos para obter a permissão de novas construções ocupam 3 volumes muito grossos e mais de dois terços desses

---

42. Assim, por exemplo, Giuseppe Tellini, cuja atividade se intensifica de maneira especial em 1894 e 1895 ("Obras Particulares" desde E. 3.62 a E. 3.75, passim). Este fato, somado à semelhança das várias construções, torna por vezes difícil distinguir os engenheiros dos mestres que trabalhavam naqueles anos.

pedidos são assinados por italianos. De italianos enfim são quase todos os pedidos recolhidos nos 47 volumes de 1897.

Cada vez mais as grandes famílias brasileiras chamam os mestres-de-obras italianos para trabalharem para elas; antes, pequenos consertos, depois, edifícios de certa importância: em 1886, Giacomo Gandino constrói a casa para o Barão dos Três Rios[43]; em 1887, Aurélio Villanova é encarregado do projeto para a sede do "London and Brazilian Bank"[44] (Fig. 30); em 1894, "Cavicchioli e Irmão" se definem "empreiteiros das obras da Exma. Baronesa De Souza Queiroz"[45]; em 1895, os irmãos Calcagno trabalham para os Paes de Barros[46] (Fig. 31). Em 1896, Giuseppe Valori executa projetos de Bezzi nos trabalhos do Velódromo Paulista, sob encomenda de D. Veridiana Prado[47].

Paralelamente as casinhas continuam a elevar-se com ritmo vertiginoso, de tal modo que poderia dar a impressão de obras da magia, tanto que chegava a proceder a abertura das ruas.

Comparini Marcelo querendo edificar uma casa de operário numa rua sem nome, esquina da Rua Dr. Clementino, perto da igreja do Marco da Meia Légua. . . [48]

Os mestres e os pedreiros italianos populam de casas quilômetros de ruas em poucos anos. Citamos por exemplo a Rua Barra Funda onde, somente em 1895, Tellini, Marzo, Milanese, Pietro de Lorenzi, Antonio Reggio, Domenico Sordini, Giuseppe Rinato, Gorgatti, Salvatore Giacomo construíram várias casas cada um[49]. No mesmo ano Domenico Sordini constrói quase completamente a Rua Adolfo Gordo[50]. Podemos igualmente citar a Rua dos Imigrantes, a Alameda Barão de Limeira, e Rua Marquês de Itu, ou qualquer outra rua de bairros que tenham surgido naqueles anos e os quais foram assinalados no primeiro capítulo.

Por volta do fim do século aparecem numerosos sobrados de dois ou mais andares que substituem casinhas térreas.

43. Na Rua Senador Queiroz. Ver "Obras Particulares" E. 1.7.

44. Na Rua da Imperatriz (hoje XV de Novembro), esquina da Rua da Quitanda, ver "Obras Particulares" E. 3.52, fl. 105.

45. "Obras Particulares" E. 3.52, fl. 78.

46. Sob a direção de Ramos de Azevedo na Rua do Ipiranga (E. 3.64).

47. À Rua da Consolação (E. 4.98).

48. E. 2.89.

49. E. 3.62.

50. E. 3.59.

Fig. 32 — Vila Buarque no início do século XX, vista do Colégio Mackenzie. (Reprodução: *S. Paulo*, Menotti Levi, Editor).

Muitos deles existem ainda nas ruas Barão de Limeira, Marquês de Itu, General Jardim, das Palmeiras e Florêncio de Abreu, onde está situado o que aparece na Fig. 39[51]. Entretanto já foram demolidos muitos, mesmo nas ruas acima citadas.

Os nomes de muitas ruas fazem lembrar os núcleos de italianos que as popularam e as construíram: Rua dos Italianos, Rua dos Alpes, Rua Príncipe de Nápoles, Rua Veneza[52], Rua Lombardi etc. . .

Muitos imigrados, obtendo bom êxito, transformam-se, em poucas dezenas de anos, em proprietários de indústria, em fazendeiros, em ricos comerciantes. Então a casinha construída com as próprias mãos ou com o auxílio de um pedreiro italiano torna-se insuficiente.

Durante os primeiros anos de melhora, a casa é substituída por outra mais ampla e de maiores pretensões, projetada e executada pelos melhores mestres-de-obras; os quais, por sua vez, haviam tido uma ascensão paralela.

Carlo Milanese, "arquiteto, construtor", com escritório à Rua da Glória, 109, que muitas vezes apresentou à Intendência Municipal, para a aprovação, modestas casas ou até mesmo insignificantes reformas, em 1895 projeta uma casa de saúde para os doutores Buscaglia, Comenale e Pignattari, outros italianos que conseguiram posição de destaque no próprio campo. Ele multiplica então o usual esquema para chegar às dimensões e ao número de ambientes pedidos[53], mas conserva o estilo modesto e a falta de decoração que notamos em todos os seus trabalhinhos precedentes.

Em 1896, Milanese entra como engenheiro na "Seção de Obras" da Intendência Municipal e, tendo-se associado a Michele Marzo, abre com este um segundo estúdio na Rua Líbero Badaró, 17.

Em 1896, Giulio Saltini e o seu mestre-de-obra Luigi Mancini são chamados para construir um palacete à avenida Paulista para Francisco Matarazzo, outro italiano que tinha se afirmado e havia criado uma indústria eficiente e muito ativa.

O projeto de Saltini[54] para essa casa, que foi substituída pelo atual palacete dos Piacentini, acha-se conservado no Arquivo Histórico e é sobremaneira significativo: fora as dimensões

---

51. Rua Florêncio de Abreu, 880. A maior parte desses sobrados foi demolida nos anos seguintes à redação do presente estudo (1953).

52. Não se confunda com a atual Rua Veneza, do Jardim Europa.

53. Vol. E. 3.76, fl. 26.

54. "Obras Particulares", E. 5.111.

mais amplas, uma riqueza maior de ornamentos em ferro batido e em estuque e um alpendre na fachada, este não se afasta nem pela planta nem pela ornamentação das sólidas casinhas que os mestres faziam para os operários e das muitas que Saltini, exercendo já há muito em São Paulo, havia construído, com o tratado de Vignola à mão, um inato sentido das dimensões e da graça, e uma longínqua lembrança de edifícios italianos. As janelas são feitas em arcos e arquitraves alternadas, entre os constantes enquadramentos.

Em 1895, Narciso Frediani constrói um elegante sobrado para Govi e Morganti[55].

É também interessante o projeto da casa que Eugenio Turini construiu, em 1897, na Rua dos Imigrantes[56], casa tipicamente neoclássica, muito semelhante àquela que Behmer construía no mesmo ano na Rua Brigadeiro Tobias, da qual já falamos[57]. O primeiro andar das duas casas é igual; no segundo andar da casa de Turini existe uma maior ornamentação, que nos faz, mais uma vez, pensar no tratado de Vignola e que confirma a diferença entre o neoclassicismo trazido a São Paulo pelos alemães e aquele difundido pelos italianos.

Ao lado de Marzo, Milanese, Saltini, e aos muitos já citados, encontramos muitas vezes trabalhando, entre 1880 e 1900, "Martini e Masini", Domenico Citti, os dois irmãos Calcagno, que foram os primeiros a usar, em sua placa, a expressão "engenheiros-arquitetos", e muitíssimos outros[58].

Semelhantes a pequenos cubos estampados por uma única matriz dispostos ao longo das ruas dos novos bairros da cidade em formação, as casinhas dos mestres-de-obras italianos deram um caráter unitário às ruas de Vila Buarque (Fig. 32), Higienópolis, Campos Elíseos (Fig. 33), Bom Retiro e do Brás[59], tornando-se

55. "Obras Particulares", E. 4.82.

56. "Obras Particulares", E. 5.139.

57. Vide p. 36 e fotografia nº 17.

58. Aparecem freqüentemente os nomes de: Antonio Terralavoro, Giovanni Morandi, Angelo Laviola, Geronimo Tieppo, Cesare Puccinelli, Rosario Medici, Paolo Vittorio Lanzone, Giuseppe Tellini, "Zanchi e Michelucci", Antonio Valério, Giovanni Costabile, Luigi Zanni, Pietro de Lorenzi, Tiziano Lucchetta, Domenico Manzone, Andrea Margoni, Giuseppe Valori e Pietro Macaggi. Muitos outros trabalharam menos intensamente.

59. Para o desmembramento das chácaras que deram lugar a esses bairros vide p. 32. A Rua Amaral Gurgel conserva várias casinhas

Fig. 33 — Vista geral do Bairro da Luz no início do século XX. (Reprodução: *S. Paulo*, Menotti Levi, Editor).

Fig. 34 — Exemplo típico de casas construídas pelos mestres-de-obras italianos. Rua Amaral Gurgel, presumivelmente 1895-1898.

mesmo monótono, e que podemos recontituir com a ajuda das casas que não foram demolidas, rodeadas por prédios mais modernos.

Tendo visto algumas delas é como se tivéssemos visto todas; e, mesmo que não tenham qualquer pretensão artística, é indiscutível que as mais significativas constituem um documento interessante para a história do gosto em São Paulo.

Do complexo mundo figurativo ao qual os artistas neoclássicos haviam dado nova vida, tirando-o dos monumentos da Antigüidade e do Renascimento, os pequenos mestres-de--obras italianos fizeram uma rigorosa escolha: ignoraram que o neoclassicismo havia adotado modulações diferentes nas diferentes regiões italianas; descuidaram dos exemplos espaciais complexos (e portanto de difícil transposição) e só olharam a decoração aplicada sobre as caixas de alvenaria do século XIX. Reconheceram nisto, qual fonte de inspiração para eles, Vignola, adaptando às próprias construções elementares um reduzido formulário de inspiração clássica, extraído de fonte autêntica das "Cinco Ordens da Arquitetura". Eles repetiram fielmente mais de uma vez, até cobrirem toda a fachada, a "ordem" gravada nas pranchas do texto: sustentação, travação, capitel, mais as aberturas em tímpano, em arco ou em arquitrave, que aquela ordem enquadrava.

Nos sobrados, o mesmo procedimento dava origem ao andar superior, nos quais freqüentemente os construtores colocavam sacadas, ora com balaústres de alvenaria, ora com decorações em ferro batido, muito usado então nas construções de origem portuguesa, ainda que muitas vezes eram compostas com motivos renascentistas.

Talvez os mestres hajam visto formas análogas na Itália, talvez o Museu de Bezzi, sempre muito admirado, e a "Chácara do Carvalho" de Pucci os levavam por aquele caminho. Em todo caso é certo que o volume de Vignola foi para eles uma espécie de manual Hoepli, proporcionando uma imediata e fácil consulta. E é interessante notar como, traduzidos em estuque e alvenaria, esses elementos arquitetônicos denunciam a sua derivação de modelos desenhados: as colunas e as pilastras são gravadas por caneluras pouco profundas; arcos, tímpanos astrágalos, tríglifos são desprovidos de qualquer sentido plástico; os pilares, os capitéis, as arquitraves, não têm uma função estética, não têm, por vezes, uma conexão recíproca,

construídas pelos operários italianos. Na Fig. 34, damos um exemplo de algumas entre as mais simples.

65

Fig. 35 — Casas na Alameda Glette ainda existentes em 1980. (Foto Luiz A. Passaglia).

Fig. 36 — Edifício à Rua Florêncio de Abreu, exemplo de ornamentação simples e plana. (Foto Luiz A. Passaglia).

mas vivem separados dentro de diversos emolduramentos. Às vezes são respeitadas as proporções, mas a diferença de escala, a incongruência entre estrutura e aspecto externo, a diversidade dos materiais aplicados, tornam falsa também a elegância formal do modelo.

Difundido pelos italianos, o gosto de Vignola foi logo adotado por empreiteiros locais; entre os quais queremos lembrar Francisco Simões Vaz, que em 1896 trabalhava assiduamente na Alameda Barão de Limeira, dando uma versão muito decorativa àqueles modelos[60]; José Soares Liberal[61] e João Lourenço Madeira, que em 1898 construíram na Rua Florêncio de Abreu um palacete para o senhor Coutinho Dreyfuss[62]: trata-se de uma obra de inspiração clássica, com janelas de tímpano mutilado e uma sacada ao longo de toda a fachada. Enfim, Manoel dos Reis Pinto da Rocha que em 1897 fez uma casa de três andares à Rua do Carmo que recorda o classicismo lombardo[63].

Na Biblioteca Municipal encontramos duas edições diferentes portuguesas de Vignola, infelizmente sem data; ambas muito reduzidas, devem ter tido ampla circulação entre os construtores paulistas dos fins do século XIX. Uma delas, *O Vignola dos proprietários* traduzido por José da Fonseca, foi completada por Thiollet Filho com um apêndice onde faz demonstrações práticas para a confecção de fechaduras, portas, janelas, etc.[64] Não deixa de ter um significado bastante grande o fato deste livro ter pertencido ao engenheiro Bianchi-Betoldi, que, como vimos, foi um dos primeiros engenheiros italianos chegados a São Paulo.

60. Para os trabalhos que Vaz executou na Alameda Barão de Limeira vide "Obras Particulares", E. 4.50.

61. José S. Liberal trabalhava em 1896 na Rua do Quartel. Vide "Obras Particulares", E. 5.113, fl. 29.

62. No nº 56 (antigo).

63. "Obras Particulares", E. 5.135. A casa era nº 15 (antigo).

64. *O Vignola dos proprietários ou As cinco Ordens de Arquitetura segundo J. Barozio de Vinhola* por Moisy Pae seguido da "carpintaria, marcinaria e serralharia", por Thiollet Filho. Obra escrita em francês e traduzida em português por José da Fonseca, Paris, ed. Th. Lefèvre (sem data).

Além da difusão do gosto vignolesco, teve por certo o "Liceu de Artes e Ofícios" um papel bastante importante, do momento que estava incluído no seu programa o estudo das ordens da arquitetura "segundo o compêndio de Vignola". Ora, o início dos vários cursos de desenho efetuou-se mesmo entre 1880 e 1900, época em que os construtores italianos trabalhavam em São Paulo[65].

Os mestres-de-obras italianos continuaram trabalhando com os modos e as limitações que indicamos, também além do início do novo século.

Algumas diferenças sensíveis em casas de épocas diferentes, assinalam uma ligeira evolução; a ornamentação das casas que datam do decênio 1885-1895 é mais simples e plana (Fig. 36), mais exagerada, deturpada e ampla, ultrapassando muitas vezes o limite dos enquadramentos, aquela dos anos sucessivos, na qual às vezes sente-se, também pela escolha dos temas, a aproximação do gosto floreal.

Assim é que em alguns trabalhos de Rossi e Brenni, que, num esforço para chegar a obras mais complexas, sobrecarregam e complicam o simples esquema das casinhas, com um resultado deplorável, como pode ilustrar a já citada casa Baruel[66], que data dos fins de 1896.

Por outro lado merecem uma menção à parte as diversas construções dos últimos anos do século, as quais tomam por base modelos barrocos, não só na decoração mas também na distribuição: mais reentrâncias e saliências, as estruturas mais deselegantes e pesadas, as fachadas mais cheias de contrastes de sombras e de luzes. Sobre as janelas, os tímpanos mutilados reúnem, como num nicho, cabeças de mulher ou máscaras de faunos; as colunas, por vezes emparelhadas, são torcidas em forma de espirais; ao centro das fachadas abrem-se terraços cobertos.

Fazem parte desse grupo: a casa nº 65 da Rua Epitácio Pessoa e as casas nos 522 e 545 da Rua São Bento. Neste grupo, entram também os primeiros trabalhos do jovem Ramos de Azevedo.

65. Para notícias mais detalhadas sobre o Liceu e sobre a função de formador de muitas gerações de artesãos, vide pp. 80 e ss.

66. É também de Rossi e Brenni a casa datada de 1897 da rua João Brícola nº 65, que assinalamos no prefácio (vide no Arquivo o volur "Obras Particulares", E. 6.162, fls. 119 e ss.).

Fig. 37 — Detalhe de aplicação serena da ornamentação. Edifício localizado à Rua Roberto Simonsen. (Foto Luiz A. Passaglia).

Fig. 38 — Exemplo de ornamentação em que notamos a aproximação do gosto floreal. Edifício localizado à Rua Florêncio de Abreu. (Foto Luiz A. Passaglia).

Mais recentemente o esquema das casinhas, para estar de acordo com a nova moda, passa a ser revestido por uma decoração tipicamente floreal, como se pode ver à Rua Barão de Limeira, à Rua Marquês de Itu e casas espalhadas um pouco por toda a cidade[67].

Não podemos deixar de notar que o "fenômeno mestre--de-obra" não está completamente extinto em São Paulo: ainda hoje trabalham, de fato, muitos "práticos licenciados", cujos nomes acusam a origem vêneta, toscana, lombarda etc., e cujos modos traem a aplicação de um restrito formulário arquite-tônico assim chamado moderno.

Mas a obra destes últimos não tem, segundo nossa opinião, o significado histórico que teve a obra dos mestres-de-obras, nos fins do século passado.

Projetados num plano social, além de o serem no plano arquitetônico, as casinhas térreas dos mestres-de-obras italianos representam a solução, dada ao tema que se impunha, da habitação para imensas massas de operários, imigradas numa cidade em formação em um imenso planalto, com clima tropical. Dadas estas premissas e as condições existentes *in loco*, de baixo custo do terreno em relação aos materiais, a solução nos parece funcional.

Não queremos com isso dizer, por certo, que as casinhas constituíssem uma inovação absoluta nas maneiras de construção usadas em São Paulo: as pequenas habitações de barro e bambu usados no interior, não tinham em essência uma organização espacial muito diferente. Também nas cidades, a casa térrea foi por muito tempo mais comum do que o sobrado.

Mas, segundo o nosso ponto de vista, cabe aos mestres--de-obras italianos o orgulho de terem traduzido em alvenaria, com métodos de trabalho tradicionais do pedreiro italiano, famoso no mundo inteiro, um tipo de casa mínima que satisfazia plenamente às necessidades, e de tê-lo estandardizado ao ponto que as diversas plantas parecem decalcadas umas sobre as outras.

Continuar hoje, com as atuais proporções da metrópole, um semelhante desenvolvimento horizontal, seria um absurdo urbanístico, a menos que, respondendo ao apelo lançado por

---

67. Para as casinhas e ornamentação floreal vide também p. 97 e ss.

Fig. 39 — Ornamentação mais desenvolvida mas contida no plano da fachada. Edifício localizado à Rua Florêncio de Abreu, n? 720. (Foto Luiz A. Passaglia).

Fig. 40 — Ornamentação que toma por base modelos barrocos. Edifício à Rua Wenceslau Braz. (Foto Luiz A. Passaglia).

Giedion[68] aos jovens arquitetos brasileiros, se criassem vários centros satélites auto-suficientes, ao redor do núcleo central da cidade. Estes centros deveriam ser providos de todos os serviços e organizações aptas a satisfazer as necessidades espirituais e materiais dos cidadãos: correios, telefônica, bancos, teatros, bibliotecas, círculos sociais, etc.

Na época em que foi adotado pelos construtores italianos, o desenvolvimento horizontal não apresentava nenhum inconveniente; as suas casinhas asseguravam a independência e a individualidade mais do que nas chamadas casas populares que apareceram em caráter experimental nas cidades européias a partir dos primeiros anos do século XX.

Muito mais do que a obra dos arquitetos em voga na época, é hoje apreciada a dos mestres-de-obras ítalo-paulistas: os quais levantaram um problema e em parte, embora talvez inconscientemente, resolveram-no, problema este que se acha entre os que mais preocupam a arquitetura e a urbanística moderna.

As casinhas dos mestres-de-obras correspondem a instâncias práticas ou sociais; por falta de preparo cultural e de sensibilidade artística nos construtores (e em seus clientes) não satisfazem instâncias espirituais, não chegam a formas artísticas, não determinam o ambiente urbanístico arquitetônico; como acontece, ao contrário, em alguns bairros residenciais modelo, por exemplo, na Holanda e na Suíça. Determinam, todavia, bairros de habitação popular, física e socialmente sãos, muito mais do que os casarões construídos contemporaneamente em tantos centros europeus ou norte-americanos. Estas resolvem, além de tudo o problema da transplantação de um sistema de vida aparecido na Europa, para um país que sob todo o ponto de vista se apresenta completamente diferente à esta. As casinhas satisfaziam realmente muito bem, seja às necessidades que os imigrantes haviam se acostumado a sentir na Itália, seja às exigências do clima e da vida paulista[69].

68. Conferência pronunciada no Instituto dos Arquitetos em São Paulo em novembro de 1951.

69. Para a exposição do problema da transplantação de uma cultura européia em um clima tropical, vide Sérgio Buarque de Holanda, *op. cit.*, p. 3.

3. OS COLABORADORES DE RAMOS DE AZEVEDO

Da massa anônima dos pequenos mestres-de-obras vimos emergir algumas empresas construtoras e alguns engenheiros-arquitetos: "Calcagno e Irmão", "Milanese e Marzo", "Rossi e Brenni", "Cavicchioli e Irmão", Luigi Saltini, "Pucci e Micheli", os quais, ao lado das casinhas executaram trabalhos de vulto e importância maiores. Mas eram, também estas, organizações de capacidade profissional bastante limitada ou de restritas possibilidades financeiras.

No início de 1900, São Paulo, ampliando continuadamente a sua área e crescendo de maneira vertiginosa o número de seus habitantes, exigia uma organização urbanística complexa, lojas, residências, edifícios públicos, escritórios e habitações coletivas de maior capacidade que as casinhas dos mestres-de-obras. É neste momento que se afirma em São Paulo a figura de Ramos de Azevedo; e é precisamente na função de organizador de uma capaz e poderosa empresa construtora que, ao nosso ver, a sua atividade se impõe na história da arquitetura local.

Estudar por partes sua personalidade, analisar em detalhes toda a sua obra, seria ir além dos limites deste trabalho. A nós interessa apenas assinalar as influências que a arquitetura e os trabalhos italianos exerceram na vastíssima produção do estúdio de Ramos de Azevedo, e com que resultados; e evidenciar o interessante grupo de artistas italianos − pintores, escultores, cenógrafos, modeladores, arquitetos − que Ramos de Azevedo atraiu para o Liceu de Artes e Ofícios, criando um centro de difusão de arte italiana em uma sociedade e em uma época que, por motivos de cultura e de espírito, haviam sempre admirado a França.

Sendo, pois, Ramos de Azevedo, grande animador dos jovens e profundo conhecedor de homens, escolhido o corpo docente do Liceu em fase de organização entre os seus mais competentes colaboradores italianos; e, tendo feito, sucessivamente, dos artesãos formados por aquela escola seus próprios diretos colaboradores, os dois extremos da pesquisa se aproximam de tal maneira que podem ser compreendidos de uma só vez.

Relevarei o concurso de italianos, cuja imigração para o nosso Estado tem sido mais numerosa e porque constituem a maior comunidade de artistas de todas as artes.

Entre eles e seus descendentes tenho encontrado os meus melhores auxiliares de todos os misteres; e seria injusto se não salientasse a sua notável colaboração no desenvolvimento e aperfeiçoamento dos processos e artes da construção[1].

Está ainda viva a polêmica, entre aqueles que tiveram contatos diretos de trabalho com Azevedo, em torno da mais ou menos extensa e fecunda participação dos colaboradores nas obras que vão sob o seu nome. Nós, embora não ignorando que tal polêmica se reapresenta cada vez que um arquiteto está com tanto serviço a ponto que se torne necessária a criação de uma vasta rede de auxiliares, quisemos tornar conhecido, com as suas mesmas palavras, a alta consideração em que o arquiteto brasileiro tinha os próprios colaboradores italianos, mesmo os mais humildes[2].

1. Palavras tiradas de um discurso de Ramos de Azevedo pronunciado em 18-12-1921, por ocasião de seu jubileu profissional. Ver Bibliografia.

2. Outras citações neste sentido poder-se-iam fazer dos discursos e dos escritos de Ramos de Azevedo. Veja-se a carta que ele escreveu a Luigi Scattolin em data de 15-12-1915 (R. Severo, *O Liceu etc.*, p. 179).

Fig. 41 — Palácio, Secretaria do Geverno e Igreja do Colégio, 1887 (B. M.).

Fig. 42 — Antigas Secretarias de Estado, Fazenda, Agricultura e Repartição Central de Polícia, no início do século XX. (Reprodução: *S. Paulo*, Menotti Levi, Editor).

Quando, aceitando o convite do Conde de Parnaíba, o jovem arquiteto formado em Gand, deixava Campinas, residência da família, e vinha para São Paulo para abrir seu estúdio, encontrou aqui em pleno fervor de trabalho os pequenos mestres--de-obras italianos.

A partir daquele longínquo 1886, a sua primeira atividade — sobre a qual os livros do Arquivo Histórico nos deram válidas informações, mais do que as informações biográficas, carregadas de elogios, e de compridos relatórios de obras, elaborados pelos sucessores do seu estúdio por ocasião do centenário de seu nascimento[3] — se desenvolveu naquelas mesmas ruas que eram o teatro das atividades dos italianos: Rua dos Timbiras, Rua dos Bambus (ora Barão do Rio Branco), Rua Aurora, Alameda Glete, Rua Ipiranga, Alameda Barão de Limeira, Rua Florêncio de Abreu.

Inicialmente ele se utilizou da mão-de-obra italiana somente para os cargos mais modestos nos quadros da sua empresa: pedreiros, carpinteiros, mestres-de-obras; ao lado de "Calcagno e Irmão", que já vimos foram empreiteiros de Ramos de Azevedo nos trabalhos executados para os Souza Queiróz[4], aparecem os nomes dos mestres-de-obras Ambrogi, Giacometti e Beltrami. Seus imediatos colaboradores eram porém o francês Dubugras e os alemães Hehl e Krug.

Nos trabalhos executados no "Pátio do Colégio" — isto é, a reconstrução do Paço Municipal que data de 1886; a velha "Caixa Econômica", já "Delegacia Fiscal"; a "Secretaria da Justiça" e a "Secretaria da Indústria" — e em muitas residências erguidas naquele tempo para ricas famílias paulistas, entre as quais destacam-se uma da Rua Florêncio de Abreu, que data de 1889[5] e uma da Rua dos Timbiras, de 1896[6], podem-se colher,

---

3. Ramos de Azevedo nasceu em 1851; morreu em 1928. Teria sido muito útil para nós poder também consultar as cartas conservadas no arquivo privado do Escritório Técnico R. de A., Severo e Villares S.A., porém Ramos de Azevedo, tendo morrido há apenas 20 anos, na época da presente pesquisa, compreendemos as razões de reserva que não nos permitiram ver tais documentos.

4. Vide p. 60, nota 46.

5. Número atual, 720, antigo 136. Vide documentos no Arquivo Histórico e Fig. 45.

6. Construída para Emília Azevedo. Vol. E. 5.124, fl. 14 do Arquivo Histórico. Vide também os volumes E. 1.10, fl. 17 (1886); E. 1.9, fl. 41 (1887); E. 1.11, fl. 134 (1889); E. 1.17, fl. 98 (1890); E. 1.18, fl. 40 (1890); E. 2.30, fl. 125 (1892); E. 2.30, fl. 138 (1892);

78

Fig. 43 — Edifício da Rua Florêncio de Abreu, 720, no início do século XX. Ramos de Azevedo, 1889. (Reprodução: *S. Paulo*, Menotti Levi, Editor).

Fig. 44 — O mesmo local em 1980, Rua Florêncio de Abreu. (Foto Luia A. Passaglia).

aproximados sem fusão, os diferentes fatores que contribuíram para a formação de Ramos de Azevedo: ele havia estudado na Bélgica, e à tradição paulista, barroca e portuguesa, foi adicionando pouco a pouco aquele neoclassicismo à italiana que triunfava nas mais recentes construções da cidade.

Suntuoso é o Paço Municipal, o qual, na sua parte interna, muitas vezes reformada, não oferece anotações úteis; mas exteriormente justapõe às janelas do primeiro andar, às sacadas e ao coroamento das fachadas laterais, que são tipicamente portuguesas, as toscas torres de estilo nórdico e as janelas das fachadas laterais que parecem copiadas daquelas desenhadas por Puttkamer para o antigo Grande Hotel[7]. É também neoclássico o tímpano sobre colunas, adaptado, à fachada sem uma clara justificação estilística.

Uma estilização austera, à moda nórdica, de elementos clássicos aparece também na Secretaria da Justiça e na Caixa Econômica, nas quais os frontões, de várias ordens, assumem uma forçada escala monumental. Na planta estas representam um pátio retangular de acesso aos diferentes aposentos, que estará presente em muitos edifícios de Ramos de Azevedo e que se acha recoberto por uma carregada ornamentação renascentista, em certos pontos tão exuberante a ponto de se aproximar de exemplos do século XVII[8].

Em 1895 chegou a São Paulo Domiziano Rossi; e não foi por pura coincidência que as semelhanças com a arquitetura italiana se tornaram mais freqüentes e precisas nas obras dos brasileiros, a partir daquele ano.

Rossi, que contava então com aproximadamente 30 anos e que havia estudado arquitetura em um curso noturno em Gênova, conheceu logo Ramos de Azevedo, o qual o introduziu na Escola Politécnica, onde Rossi tomou a cátedra de desenho e no Liceu de Artes e Ofícios, onde, desde 1896 até sua morte em 1920, lecionou Desenho Geométrico e Ornato e onde mais tarde foi nomeado Inspetor do Curso de Artes.

O Liceu, que funcionava desde 1873 sob o nome de Sociedade Propagadora da Instrução Popular[9], estava então numa

E. 2.30, fl. 94-110 (1892); E. 2.45, fl. 83 (1894); E. 3.69, fl. 106 (1895); E. 5.112, fl. 41 (1896); E. 5.124, fl. 14 (1896); etc.

7. Vide p. 34 e nota 4 do Cap. 2.
8. Principalmente na Secretaria da Justiça.
9. Vide p. 55. Para notícias mais completas sobre o Liceu e sobre

fase de reorganização tendendo para uma orientação artesanal, por iniciativa do próprio Azevedo. Este teve a possibilidade de examinar a forma com que era dado o ensinamento industrial na Bélgica e pretendia fazer da benemérita instituição, não um centro genérico de cultura como havia sido até então, mas uma escola de artes e ofícios, apta para preparar uma eficiente mão-de-obra para a cidade industrial em pleno desenvolvimento.

Durante 24 anos Rossi dedicou boa parte de sua atividade ao Liceu, sancionando a obrigatoriedade do estudo de Vignola, até agora incluído nos programas e contribuindo de tal forma à difusão, mesmo entre pequenos operários que freqüentavam cursos noturnos, daquele gosto pelo renascimento italiano que imperou na arquitetura paulista até depois de 1910.

Falido o Banco da União, no qual ocupava o cargo de Diretor da Carteira Imobiliária, Ramos de Azevedo, em 1896, abriu o Escritório Técnico Ramos de Azevedo[10] para o qual chamou Rossi para tomar parte.

A colaboração do italiano já se torna patente na residência do senhor J. Paulino Nogueira que data de 1896[11]; na atual sede do Liceu iniciada um ano mais tarde[12] e no velho edifício da Escola Politécnica, também de 1897. Nestas obras, realmente, deixados de lado os temas de diferentes proveniências, já observados nas construções precedentemente analisadas, torna-se mais estreita e fiel a observância dos cânones vignolescos, cuja excelência Rossi proclamava da cátedra que então ocupava.

A abertura em abóboda, de evidentes reminiscências romanas, que na Escola Politécnica tinha permanecido em proporções muito modestas, adquiriu no Liceu um certo efeito monumental, acentuado pela equilibrada distribuição de saliências e reentrâncias e pelo vigor das estruturas em todo o corpo do

a atividade aí desenvolvida por Ramos de Azevedo e por Rossi, vide: R. Severo, *O Liceu de Artes e Ofícios de São Paulo*, São Paulo, Of. Graf., do Liceu, 1934.

10. Havia já dirigido um estúdio com o seu nome antes da sua atuação no "Banco da União". Sucessivamente fundou a "Cia. Iniciadora Predial".

11. À Rua Conselheiro Crispiniano, 378. Na época em que foi feita essa pesquisa, era a sede do "Comando da 2ª Região Militar". Documentos no Arquivo Histórico. E. 6.138.

12. Foi terminada em 1900. O projeto inicial previa uma cúpula octogonal em cima do vão central. Falta o reboque às paredes externas. Vide: R. Severo, *op. cit.*, pp. 33 e ss.

edifício. Na sua parte interna, uma clara subdivisão de vãos ao redor dos átrios e nos corredores faz com que o edifício corresponda ainda agora ao uso à que foi destinado, o de escola e o de museu (Fig. 48).

A preponderância do elemento italiano aparece também na Escola Normal Caetano de Campos, que foi inaugurada em 1908, quando foi adicionado um terceiro andar aos dois que já funcionavam desde 1894. A planta é em E com corredores que levam às salas de aula e um pátio central. Na parte externa, a horizontalidade da alvenaria do andar térreo, o forte destaque da estrutura, o desenho das janelas e a equilibrada maneira de organizar os diferentes elementos, segundo um esquema unitário, nos mostra que Bezzi não foi esquecido (Fig. 49).

Por volta de 1910-1915 o estilo neoclássico devia parecer superado também no Brasil. Assim, o edifício do atual Correio (Fig. 50), que a tradição oral por nós recolhida atribui a Domiziano Rossi, quando foi inaugurado em 1920, podia ser considerado como o último produto de uma moda decadente, embora alguns elementos decorativos e o prolongamento das arcadas, as quais abrangem mais de um andar, apontem novas pesquisas arquitetônicas.

Há vários anos os poucos livros e revistas que chegavam da Europa traziam exemplos de um novo estilo, que abrangia o campo da arquitetura, da escultura, da pintura, da decoração e que fazia furor na França e na Itália. Muitas obras feitas em São Paulo seguindo os ditames do "Art Nouveau" devem ter sido inspiradas nas reproduções contidas nos números de *Artista Moderno*, revista quinzenal muito bem aceita em São Paulo. Esta era uma revista ilustrada, de arte aplicada, publicada em Turim desde os primeiros anos do século. O pintor H. Catani tomou a iniciativa de trazê-la e distribuí-la aqui; na sobreloja do Largo do Palácio, 7, ele nunca tinha o número suficiente para satisfazer a procura da revista.

Relegado Vignola entre os livros clássicos, que eram consultados só em ocasiões especiais, *Artista Moderno* substituía o texto renascimental na função de dirigir o gosto dos paulistas, juntamente com *Monitor* e *Facciate Moderne* publicado por Crudo, embora este último sempre nos chegasse alguns anos após sua publicação[13].

13. Vide Bibliografia.

Fig. 45 — Edifício da Rua Florêncio de Abreu, 720, em 1980. (Foto Luiz A. Passaglia).

Fig. 46 — Palácio do Barão de Tatuí, não mais existente, no Viaduto do Chá, em 1898 (B. M.).

Fig. 47 — Largo da Estação em 1914. À direita o edifício do Liceu de Artes e Ofícios — Ramos de Azevedo, 1897-1900. (Reprodução: *S. Paulo*, Menotti Levi, Editor).

Fig. 48 — Edifício da Escola Politécnica no início do século XX. (Reprodução: *Álbum de Construções Ramos de Azevedo*).

Fig. 49 — Escola Normal Caetano de Campos no início do século XX — Ramos de Azevedo, 1894. (Reprodução: *Álbum de Construções Ramos de Azevedo*).

Fig. 50 — Edifício do Correio — Ramos de Azevedo, 1920. (Foto Luiz A. Passaglia).

Assim, pouco a pouco, em São Paulo foi-se tendo uma visão clara de como se construía então na Europa, alternando vários estilos medievais ou da Renascença ao novo estilo floreal ou *liberty*; e admiravam-se os caprichosos palacetes em estilo Coppedé que haviam aparecido há pouco no lago de Como, os palácios de Sommaruga e Salmoiraghi em Milão, a arquitetura neo-românica e neogótica que surgiu em Emilia, em Veneto e mais em outros lugares.

Também um entusiástico admirador de Vignola, como Domiziano Rossi, aderiu à nova moda em algumas construções, tais como o Palácio das Indústrias (Fig. 51), antiga sede da Assembléia Legislativa, que é uma espécie de "Castello Sforzesco", com algum acento mourisco; e a residência da Avenida Angélica esquina com a Alameda Barros, cujo desenho, segundo alguns, teria chegado diretamente da Itália e é, para o nosso gosto atual, uma das mais horripilantes casas aparecidas em São Paulo.

Para projetar o Palácio da Justiça, ao contrário, que foi concluído sob a direção de Ranzini[14], Rossi, que anteriormente havia feito um projeto em estilo grego, tomou por modelo o Palácio da Justiça de Calderini em Roma, repetindo a ênfase típica do século XVIII daquele, e falseando na parte externa as linhas arquitetônicas do edifício, num esforço para se manter fiel ao desenho preestabelecido.

É um "engano" que, infelizmente, deturpa muita arquitetura saída do estúdio de Ramos de Azevedo: considerem-se o Palácio da Polícia Central no Pátio do Colégio (Fig. 52), e o próprio Teatro Municipal, de que falaremos logo a seguir.

A própria residência de Rossi à Alameda Santos[15] e o edifício da Casa Castro à Rua Boa Vista[16] foram projetados por Domiziano, o qual, bom desenhista e aquarelista, deixou à Secretaria de Viação e Obras Públicas alguns desenhos e perspectivas.

Um dos maiores problemas que se apresenta diante de quem estuda a arquitetura paulista do início do século XX, isto é, o Teatro Municipal, leva a falar de outro Rossi, Cláudio, que apesar do nome não tem nenhum parentesco com Domiziano (vide Figs. 53, 54).

14. Vide pp. 93 e s.
15. Nº 2.159.
16. Nº 316 (antigo 16).

Fig. 51 — Edifício do Palácio das Indústrias — Ramos de Azevedo. (Reprodução: *S. Paulo*, Menotti Levi, Editor).

Fig. 52 — Palácio da Polícia Central não mais existente. Pátio do Colégio. Reprodução: *Álbum de Construções Ramos de Azevedo*).

Filho do arquiteto e pintor que projetou o teatro de Carpi, Cláudio Rossi nasceu naquela cidadezinha da província de Modena a 26 de janeiro de 1850 e veio ao Brasil em 1871, como cenógrafo da companhia Ferrari, que o havia escolhido entre os cenógrafos do Scala.

A vida em São Paulo lhe agradou de tal forma que, por ocasião de uma segunda viagem estabeleceu-se aqui, alugando o Teatro São José e atuando como empresário. Alternou então sua atividade teatral com algum trabalho de arquitetura e de decoração, revelando um gosto muito exigente nos acabamentos e na escolha de materiais rebuscados. Como já tivemos ocasião de assinalar[17], concluiu o Palácio dos Campos Elíseos sob projeto do alemão M. Häussler e escandalizou seus colaboradores e auxiliares pretendendo forrar alguns ambientes com madeira de carvalho importada.

Em 1885 refez em estilo neoclássico, com algum acento típico do século XVIII, a fachada da casa dos Prado-Chaves à Rua São Bento, que foi a residência urbana da família do Conselheiro Antônio no tempo em que a Chácara do Carvalho estava ainda muito afastada do centro.

Em 1892 estava novamente na Itália; de resto continuou dividindo sua vida entre Itália e Brasil, chegando a fazer bem umas 44 travessias.

Juntamente com o pintor Almeida Júnior, decorou a antiga Sé; ainda em 1908 a pedido do prefeito Antônio Prado e de Elias Chaves fez um projeto para o teatro e sucessivamente, aconselhado pelos mesmos, associou-se a Ramos de Azevedo e Domiziano Rossi para construí-lo. Este projeto foi preferido àquele apresentado pelo arquiteto romano Leoni, e de 1908 a 1911, foi executado pelo Escritório Técnico Ramos de Azevedo em sociedade com Domiziano Rossi e Cláudio Rossi e com a participação de decoradores, pintores, escultores, pedreiros, na maioria italianos[18].

Como muitos teatros que surgiram naquela época, o Municipal de São Paulo não pode ser explicado sem compará-lo com a Ópera de Paris. Mas não seria tampouco fácil explicarmos sua gênese, se não soubéssemos quem o projetou e tratou de sua construção e ornamentação tinha olhos e alma de cenógrafo e preocupava-se mais em obter um efeito plástico grandioso, do que uma construção racionalmente estudada.

17. Vide p. 36.
18. Vide o opúsculo saído no dia da inauguração: "O Teatro Municipal de São Paulo", citado na Bibliografia.

Fig. 53 – O Teatro Municipal, fachada – Ramos de Azevedo. D. Rossi e C. Rossi, 1908-11. (Foto de Luiz A. Passaglia).

Fig. 54 – O Teatro Municipal visto do lado do Anhangabaú em 1980. (Foto Luiz A. Passaglia).

Com esta premissa explicam-se os gritantes defeitos acústicos, as deficiências dos serviços, a má utilização dos espaços, a parca visibilidade em determinados lugares, que são observáveis mesmo por um profano; explicam-se também a ênfase da decoração, interior e exteriormente, a insistência no efeito cenográfico nas escadarias; a absoluta separação da estrutura do edifício e da massa de alvenaria. Observando-se o teatro do lado do Anhangabaú (Fig. 54) ou da Rua Conselheiro Crispiniano, não podemos imaginar que seja um teatro, mas, antes, um edifício que imite um palácio gentilício dos fins do século XVI ou do início do século XVII.

Naturalmente não queremos limitar a paternidade do projeto da parte interna somente a Cláudio Rossi; as portas que abrem nos corredores laterais, por exemplo, parece que foram desenhadas por Domiziano. Mas atribuímos a Cláudio a parte preponderante; e as notícias, que recolhemos junto ao filho Paulo Cláudio e entre velhos companheiros de trabalho no escritório de Ramos de Azevedo, confirmam as conclusões que nos sugere o exame formal do edifício.

O espaço em forma de semicírculo da sala de espetáculos acha-se inscrito no retângulo formado pelo palco, pela área de serviço, pelas paredes laterais; e é notado na parte externa apenas pela cúpula apoiada em um tambor que se destaca na parte superior do edifício. O átrio de ingresso e o *foyer* do primeiro andar formam em planta outro retângulo em que se entrosa a grande escadaria. Foi portanto repetido fielmente o seccionamento em três corpos já adotado por Garnier. Um deles, que os próprios autores definiram, no opúsculo citado, o "corpo da fachada", ocupa exatamente um terço da planta e trai a preocupação do projetista quanto ao efeito externo.

A fachada, com aberturas em arco em dois andares, deriva do modelo parisiense tanto na sua concepção geral como também nos mais individuais detalhes. Observe-se, para convencer-se disso, como o primeiro andar com suas cinco janelas altas e largas pesa sobre o andar térreo, mais baixo, que fica sufocado; como uma ligeira saliência dá movimento aos lados, em correspondência aos quais, no coroamento, grupos de estátuas se recortam com ênfase contra o céu; como, ainda, o freqüente variar dos planos resultantes em contrastes de sombra e luz determine uma comum e genérica derivação barroca.

Nos dois pequenos frontões laterais, a única inovação trazida por Rossi consiste em ter quebrado os pequenos tímpanos sobre colunas, que desta forma recebem mais facilmente as esculturas barrocas.

Fig. 55 — Escola Prudente de Morais no início do século XX — Ramos de Azevedo. (Reprodução: *Álbum de Construções Ramos de Azevedo*).

Fig. 56 — Escola Modelo do Brás no início do século XX — Ramos de Azevedo. (Reprodução: *Álbum de Construções Ramos de Azevedo*).

Na parte interna, a exagerada ornamentação em mármore, estuque, madeira dourada, espelhos e pintura, faz lembrar os gloriosos teatros italianos de 1600 e 1700. Isto deve-se a uma grande equipe de artistas, na maioria professores ou mesmo alunos do Liceu de Artes e Ofícios. As esculturas em gesso são de Alfredo Sassi de Milão, as de cimento e mármore respectivamente de Joo e Pellicciotti e de Lorenzo Massa. As portas e as janelas foram executadas no Liceu. O mosaico veneziano foi executado pela firma D'Agnesi, de Veneza. Na parte de pintura colaboraram Oscar Pereira da Silva, Pusello, Giuseppe Paugella, Sebastiano Sparapani, etc.

Segundo seu gosto refinado, Rossi teria revestido de mármore a parte interna do teatro, ao qual dedicou naqueles anos toda sua atividade e seu pensamento. Foi várias vezes à Itália para comprar materiais raros e estátuas; e ficou muito desgostoso quando, chegando de uma dessas viagens, encontrou o teatro completamente pronto, sem o seu conhecimento, feito em alvenaria e estuque sem os cuidados que ele imaginara. Talvez seja por isso que a obra acabada não lhe agradou.

À fama de hábil cenógrafo e empresário, que Cláudio Rossi havia adquirido no ambiente teatral, somava-se agora a honra de ter construído e projetado o máximo teatro de São Paulo.

O Rei de Portugal o encarregou da construção do Teatro Dona Amélia em Lisboa, que mais tarde foi chamado de Teatro da República e foi destruído por um incêndio; e o distinguiu com a comenda da Coroa do Rei de Portugal.

Segundo um procedimento muito comum no século XIX, Ramos de Azevedo indicava em linhas muito gerais o esquema dos edifícios que devia construir, deixando aos colaboradores o encargo de desenvolver e compor a alvenaria e de executar a decoração, esculturas e pinturas, de que tanto se abusou naqueles tempos.

Foi assim que muitos escultores e decoradores italianos que lecionavam no Liceu e muitos jovens que freqüentavam aquelas aulas, tiveram um papel importante nas obras criadas no estúdio do famoso arquiteto brasileiro. As cabeças decorativas, as máscaras, os animais estilizados, os ramos de flores, os nus, os frisos que ornam as paredes e as molduras no Teatro Municipal, no Palácio da Justiça, e embora em menores proporções, no Correio e no Mercado Municipal, são o fruto dos ensinamentos dados no Liceu. Este instituto preencheu tão bem a função para a qual foi criado que se formou um pequeno mundo de artistas gravitando em volta do edifício da Avenida Tiradentes. Escultores tais como Amedeo Zani, ao qual devem-se numerosos monumentos comemorativos, e pintores como Enrico Vio e Alfredo Norfini, mantinham no Liceu o próprio *atelier* e outros organizaram aí exposições pessoais[19].

Durante alguns anos também Adolfo Borioni foi colaborador de Ramos de Azevedo, que em 1896, contemporaneamente a Domiziano Rossi, iniciou suas aulas no Liceu, lecionando escultura e modelagem, preparando assim os escultores da nova geração.

Os anais do Liceu, que contêm a relação das exposições realizadas e dos prêmios conferidos aos alunos das diferentes cátedras, trazem muitíssimos nomes italianos[20]. É provável que a fama de tais artistas não provenha da escola em que se formaram ou na qual ensinaram, nem da cidade em que trabalharam. Além disso, atualmente a maior parte das suas obras, embora conscienciosas e honestas, não correspondem ao nosso gosto severo. Mas, se estudar a fundo a linguagem com que eles se expressaram individualmente, nos diversos campos e atividades, não nos conduzisse muito longe da finalidade que nos propusemos, poderíamos facilmente demonstrar que foi uma linguagem claramente italiana; e que, graças ao Liceu de Artes e Ofícios e aos seus dirigentes, a história das artes figurativas em São Paulo, nos decênios que assinalaram a proclamação da República, constava sobretudo de nomes italianos.

Felisberto Ranzini, pintor aquarelista e decorador, a cuja gentileza devemos muitas das notícias de que nos valemos no decorrer deste estudo, foi o último a aparecer no estúdio de Ramos de Azevedo e foi também o último a sair do grupo.

19. Vide R. Severo, *op. cit.*, pp. 55 e ss.

20. Foram alunos de Borioni os seguintes escultores: Venturo, Catullo, Larocca, Petrucci, Pacinelli.

Um pouco mais tarde e durante muito tempo o Professor Alfredo Norfini ocupou a cátedra de pintura. Nos documentos da escola assinalam-se os seguintes alunos que estudaram com ele: Tullio Mugnaini, que foi se aperfeiçoar na Itália, E. Zucca, Aladino Viviano, etc.

Alfonso Adinolfi, escultor de madeira, orientou hábeis entalhadores. Entre estes: Rocco, Aliberti, Testi.

Os professores eram italianos; a maior parte dos alunos eram também italianos ou filhos de italianos.

Fig. 57 — Palacete José Paulino — Ramos de Azevedo. (Reprodução: *Álbum de Construções Ramos de Azevedo*).

Nasceu em San Benedetto Pó em 1881; veio para São Paulo muito jovem e estudou com Rossi, a quem substituiu mais tarde como professor de desenho arquitetônico no Liceu e como professor de composição decorativa e moldagem na Politécnica.

Além de ter desenhado pessoalmente muitos elementos decorativos para as obras de Ramos de Azevedo, Ranzini projetou em estilo florentino ou seguindo a nova corrente da "Art Nouveau": dois palacetes na Avenida Angélica[21]; o "Clube Comercial"; o prédio Condessa Penteado[22]; as fachadas do Mercado Municipal cujas plantas foram elaboradas na Alemanha; a casa em que ele morava[23] e ainda algum outro edifício de menor importância. Além disso tratou da execução do Palácio da Justiça.

Em 1945 publicou juntamente com Edgard Cerqueira César uma interessante série de aquarelas, reevocando, com um desenho seguro e uma vivaz técnica impressionista, breve cenas de caráter, de ruas, praças e recantos do Rio de Janeiro, atualmente desaparecidos, roupas e costumes esquecidos[24]. As aquarelas de Ranzini conservarão um alto valor de documentário ao lado das gravuras de Jean de Léry, das litografias de Debret, ou das aquarelas de Ender, que o Museu de Arte nos mostrou em exposição retrospectiva. Com estes, nos apraz encerrar a relação de artistas italianos, que atravessaram a passagem de nosso século, sem trair a educação artística recebida e as próprias tendências profundamente ligadas ao século XVIII.

21. Os dois palacetes da Avenida Angélica acham-se, um na esquina com a Avenida Higienópolis e outro na esquina com a Praça Buenos Aires.

22. Rua Boa Vista, 15.

23. Rua Santa Luzia, 37.

24. *Terras e águas de Guanabara. Aquarelas de Felisberto Ranzini.* Texto de Afrânio Peixoto, São Paulo, Ind. Gráf. Lanzara, 1945.

4. O ESTILO FLOREAL

Giulio Micheli e Giuseppe Chiappori

A imigração da classe intelectual, no Brasil, foi sempre muito reduzida, em comparação com a dos trabalhadores. Contudo engenheiros, artistas, técnicos especializados, médicos e cientistas vieram sempre continuamente, impelidos ou atraídos por razões as mais diversas. Alguns, a maioria, se dispersaram no meio da imensa multidão anônima; outros, conforme sua índole e seu preparo, difundiram e ensinaram o gosto, as tendências artísticas, ou as conquistas científicas do período em que tinham se formado culturalmente, ligando a essa difusão o próprio nome. Somente pouquíssimos, acrescentando às próprias experiências anteriores o conhecimento do patrimônio cultural do novo continente e o fruto de novas pesquisas pessoais, assumiram posições de vanguarda no campo do espírito.

Aos arquitetos e aos engenheiros italianos chegados em São Paulo, nos primeiros vinte anos de 1900, a tarefa de difundir

as tendências arquitetônicas aprendidas em sua pátria foi amplamente facilitada pela necessidade de construir, sem descanso,
edifícios de toda espécie, necessidade essa criada pelo extra-
ordinário, contínuo aumento da população, pelo incremento
não comum da indústria e do comércio e pelo afluxo de enormes riquezas.

A excepcional força de expansão e de renovação que
São Paulo mostrou possuir em fins do século XIX parece ter
se intensificado no século novo.

Enquanto nos bairros habitacionais o número das casas,
rapidamente construídas, nunca chegava a satisfazer as necessidades, os edifícios, as próprias ruas do centro da cidade eram
absolutamente insuficientes para acomodar os bancos, os escritórios, as lojas, necessários ao desenvolvimento dos negócios.

Esse fenômeno, que se manifestou, como vimos, nos
tempos da atividade juvenil de Ramos de Azevedo e dos mestres-de-obras italianos, continua ainda hoje a ser verificado.
Nos anos compreendidos entre 1910 e 1920, Antônio Prado,
Raymundo Duprat e Washington Luiz P. de Souza, sucessivamente prefeitos de São Paulo, preocuparam-se com isso e apro-
varam planos, com a finalidade de alargar ruas e de moder-
nizar o "triângulo" central, oferecendo a possibilidade de
construir novos edifícios ao lado ou no lugar dos sobrados que
tinham se tornado velhos em poucos anos.

Deve, porém, ser notado que não existia, então, um verdadeiro plano regulador, assim como é entendido pela arquitetura moderna, e que é preciso chegar a 1930 e a Prestes
Maia, para encontrar claramente assentado o problema urbanístico da capital. Prova disto seja que, poucos anos depois de
terem sido instituídas quase todas as linhas de bondes que
atravessavam o centro da cidade, tiveram que ser abolidas, para
facilitar o trânsito nas ruas que se tinham novamente tornado
estreitas demais.

No arquivo da Prefeitura[1] é conservado o texto das leis
pelas quais foram sucessivamente expropriadas as casas que
tiveram que ser demolidas a fim de permitir o alargamento
de ruas e de praças.

---

1. "Leis e Atos do Município de São Paulo do Ano de 1903".
São Paulo, 1935, Gráfica Paulista e volumes seguintes até 1916. A cole-
ção destas leis é conservada no arquivo da Prefeitura (Rua Líbero
Badaró, 337). O Prefeito Antônio Prado permaneceu no cargo até 1910.
Sucedeu-lhe o prefeito Raymundo Duprat, que permaneceu até 1914.
De 1914 a 1919 foi Prefeito Washington Luiz P. de Souza.

Essas mesmas ruas e praças aparecem no álbum que o Dr. Washington Luiz, com bem-sucedida intuição, compôs com vistas de vários pontos da cidade, fotografados em época anterior a 1911 e em 1916[2]. As duas séries de fotografias, defrontadas de tal maneira, constituem o mais eloqüente documento que podemos citar como prova de quanto acabamos de afirmar.

A atual Rua Líbero Badaró remonta ao ano de 1916; em 1911 era de tal maneira estreita, que, ao lado de um bonde, podia ficar somente uma carruagem (Figs. 58 e 59).

Para ampliar a Rua Boa Vista para as dimensões que esta rua tem em nossos dias, foi necessário sacrificar, em 1910, o antigo Teatro Santa Ana (Figs. 60 e 61).

A Ladeira Porto Geral (Fig. 62), apertada entre casinholas baixas, foi novamente calçada e, alargada, pôde comportar o duplo trilho para o bonde.

A antiga Rua João Alfredo foi refeita e rebatizada com o nome de Rua General Carneiro (Fig. 63).

O Largo do Rosário, aumentado e reconstruído, tomou o nome de Praça Antônio Prado.

A Rua XV de Novembro, numa fotografia de 1905, aparece bastante estreita, com uma única linha de bonde. Na fotografia de 1916 tem o duplo trilho e as dimensões hodiernas.

O Viaduto de Santa Ifigênia foi inaugurado em 1913 e permitiu uma rápida circulação entre o Largo São Bento e a Praça da Sé.

À transformação que se operou em São Paulo durante o período de 1900 a 1920 estão ligados os nomes de Giulio Micheli, Giuseppe Chiappori e Giuseppe Battista Bianchi.

Os dois primeiros, por causa de vínculos de trabalho, que uniram sucessivamente o velho Pucci a Micheli, Micheli a Chiappori, e este ao arquiteto Aldo Lanza, mantiveram aberto um estúdio de engenharia que se tornou tradicional na lembrança dos velhos compatriotas: à firma "Pucci e Micheli" sucedeu a "Micheli e Chiappori" e por fim a "Chiappori e Lanza". O estúdio permaneceu aberto portanto por mais de meio século.

Bianchi, ao contrário, iniciando muito mais tarde sua atividade no Brasil, teve alguma relação com a primeira arquitetura moderna surgida em São Paulo.

---

2. Ver o já citado *Álbum Comparativo da Cidade de São Paulo*, organizado com a autorização do Exmo. Sr. Dr. Washington Luiz Pereira de Souza.

Fig. 58 — Rua Líbero Badaró esquina com a de São João em 1892, antes de seu alargamento (B. M.).

Fig. 59 — Rua Líbero Badaró em 1919 após o seu alargamento. (B. M.).

O conde florentino Giulio Micheli, que os paulistas de hoje relembram como homem austero, com uma longa barba, tinha chegado em São Paulo em 1888, com vinte e seis anos de idade, diplomado há pouco tempo, cheio de idéias e de esperanças. Seu pai Vincenzo, também arquiteto, e diretor durante muitos anos da Academia de Belas-Artes de Florença, desejando que o filho tivesse boas bases de estudo, o tinha feito diplomar em Paris e em seguida o tinha feito viajar por toda a Europa.

Tinha estado até na Rússia, o jovem Micheli; e, durante sua passagem por Viena, tinha com certeza visto o Palácio Pallavicini, cópia, naquela época bastante admirada, do Palácio Strozzi. Em toda a Europa, depois, tinha podido estudar as manifestações daquela "arte nova" que estava surgindo. Ele chegava, pois, no Brasil seguro de seu preparo, trazendo consigo um amor e uma admiração particulares pelos palácios e os estilos tradicionais de sua cidade natal.

Pucci, ao conhecê-lo, simpatizou com o jovem que acabava de chegar de sua Florença, recém-saído da escola e cheio de entusiasmo; e o tomou por sócio, confiando-lhe a construção do pavilhão central e da capela da Santa Casa (Figs. 64, 65 e 66), por ele projetada, como vimos precedentemente. Quando Pucci se retirou dos negócios, deixou a Micheli o estúdio muito bem encaminhado.

Este, nesse meio tempo, tinha-se feito apreciar pelos diretores da Seção Municipal de Engenharia[3]; os quais, reconhecendo sua competência técnica e sua probidade administrativa, lhe confiaram trabalhos de arranjo e de pavimentação de ruas e se apoiaram a seu estúdio para o projeto de um plano urbanístico embrionário, tendo por finalidade alargar e renovar a parte central da cidade. O problema se impunha, e já vimos que as autoridades reconheceram sua urgência.

Ampliando a Rua Líbero Badaró; arranjando o início da atual Avenida Anhangabaú; refazendo completamente a Rua 25 de Março; nivelando as Ruas do Morro dos Ingleses, e projetando o ousado, esbelto Viaduto de Santa Ifigênia, sem dúvida uma das mais belas realizações da moderna técnica em São Paulo, Micheli cooperou à transformação da pequena cidade de 1900 na São Paulo de 1920, na qual já se percebe o embrião da futura metrópole.

---

3. Diretor-chefe era então o Dr. engenheiro Victor da Silva Freire, vice-diretor o Dr. Eugenio Guilherm.

Fig. 60 — O antigo Teatro Santana antes de sua demolição em 1910, na Rua Boa Vista, (B. M.).

Fig. 61 — O mesmo local em 1916 após a sua demolição. (B. M.).

Fig. 62 — A Ladeira Porto Geral em 1916. (B. M.).

Fig. 63 — Rua João Alfredo, depois General Carneiro, em 1907. (B. M.).

O Viaduto de Santa Ifigênia foi construído entre 1911 e 1913, sob a direção do engenheiro Chiappori, acompanhando o projeto das fundações executado no estúdio de Micheli e montando as estruturas metálicas encomendadas na Bélgica. São três arcadas de ferro, que galgam sobre pilares de cimento, o Vale do Anhangabaú. Liberadas recentemente de algumas construções adjacentes, que limitavam a vista dos pontos extremos, demonstram agora quanta poesia pode haver numa nua estrutura, sabiamente calculada (Figs. 67 e 68).

Quando foram iniciados os trabalhos para o Viaduto, Chiappori já estava no Brasil há seis anos[4]. Ele tinha nascido em Turim em 1874, onde tinha-se brilhantemente diplomado em engenharia industrial.

Sua colaboração com Micheli teve início em 1906 e, com exceção do parêntese da Primeira Guerra Mundial, durante a qual, chamado a servir, Chiappori esteve na Itália, aí permanecendo até 1919. Neste ano, morreu Micheli, sucedendo-lhe Chiappori na direção do estúdio bastante renomado, sendo que só muito mais tarde fundou a firma "Chiappori e Lanza" em sociedade com outro colaborador de Micheli.

Micheli e Chiappori foram também arquitetos. Nos edifícios que construíram no centro da cidade, há pouco ampliado, tão numerosos que constituem uma de suas características, Micheli e Chiappori adotaram um estilo — o estilo da época — por demais longínquo de nosso gosto, para que nos seja possível formular um julgamento sereno.

Verdade é que a crítica contemporânea está inclinada a reavaliar alguns dos aspectos da arte floreal, e que, quando mentalmente comparada aos velhos estilos tradicionais, a "arte nova" tem a incomensurável vantagem, justamente, da novidade; todavia no prédio da Previdência, que ocupa o bloco de esquina entre a Praça da Sé, a Rua XV de Novembro e a Rua Anchieta, e foi o primeiro edifício de cinco andares erigido em São Paulo, as águas-furtadas do telhado, a ornamentação da fachada, a cor cinzenta do material não nos deixam

---

4. Logo que chegou no Brasil trabalhou para a Estrada de Ferro Sorocabana, que terminava então em Cerqueira César. Em seguida, em Poços de Caldas, supervisionou os trabalhos da água potável e dos esgotos de toda a cidade, que ele mesmo tinha projetado. Foi o primeiro no Brasil a estudar e instalar uma estação de depuração biológica das águas de esgoto.

Fig. 64 — Capela da Santa Casa de Misericórdia — L. Pucci. (Foto Luiz A. Passaglia).

satisfeitos, assim como não nos satisfazem os pórticos centrais que Micheli executou no antigo palácio do "Mappin Store" na Rua XV de Novembro[5]. Geralmente todas as fachadas executadas por ele e por seu sócio apresentam uma ornamentação com guirlandas de flores, saindo de bocas de animais; enredos de folhas e de frutas.

Daremos no Apêndice o elenco completo de todas as obras projetadas nos estúdios "Micheli e Chiappori" e "Chiappori e Lanza". Trata-se de edifícios destinados a habitação ou escritórios, os primeiros de vários andares a se erguerem no centro ou na periferia; mansões de uma certa pretensão para as famílias abastadas, que moravam na Avenida Paulista e começavam a se espalhar pela Avenida Brasil e ruas adjacentes; fábricas para a cidade industrial, que estava a se planejar, quase uma faixa que envolve São Paulo, nos bairros da periferia; escolas, edifícios públicos. O exame minucioso desses edifícios nos leva a fazer algumas observações.

O uso das estruturas metálicas e do cimento, que substituíram gradualmente a pedra e o tijolo, provocou em toda parte uma modificação nos sistemas de construção, produzindo uma cisão entre engenheiro e arquiteto. O primeiro, tecnicamente bem preparado, graças a cálculos arrojados e a um profundo conhecimento da resistência dos novos materiais usados e das novas estruturas, pôde dar início àquela que foi definida a era da mecânica no campo das construções; ao passo que o segundo, não tendo ainda descoberto quais novos valores poéticos estivessem incluídos nos meios postos a sua disposição, continuava no equívoco de acreditar que os valores arquitetônicos de um edifício residiam na superestrutura decorativa a ele aplicada.

Ao afirmar-se da arte floreal, a diferença à qual aludimos é visível em toda a Europa, mesmo que com diferenças devidas ao clima artístico específico de cada país.

Se nós, pois, com um arbítrio em outros casos difíceis de serem admitidos, ao considerar as obras existentes em São Paulo, executadas por nossos engenheiros, prescindimos da parte ornamental, livrando mentalmente as estruturas, os muros carregando as estruturas arquitetônicas de todas as guirlandas pendentes, dos cálices das flores, dos medalhões, das cabeças de mulheres e de animais, etc., das quais são revestidos, encontramos em todas essas estruturas uma nítida partição de espa-

5. No nº 144.

ços, uma clara vontade de obedecer à estrutura íntima, antes que ocultá-la ou falsificá-la, como foi feito por tanta arquitetura do século XIX; uma racionalidade de plantas e de divisões em planos. Observe-se, por exemplo, o edifício da "Livraria Francisco Alves", na Rua Líbero Badaró[6] (Fig. 69), com certeza a obra mais genuína que eles tenham construído, e do melhor documento de quanto tenham afirmado.

De maneira igual a muitas "colmeias" que se ergueram nos mesmos anos na periferia de várias cidades italianas, de Milão especialmente, a base de cimento e de pedra artificial, os edifícios de Micheli e Chiappori têm sido construídos renunciando à deliberada vontade de copiar exemplos antigos e estilos áulicos e considerando exigências estruturais e econômicas atuais. Neste sentido, eles têm que ser considerados modernos.

Outras construções de Micheli, ao contrário, nos levam àquele ecletismo que imperava nos tempos em que ele se diplomou. Queremos aludir à Igreja de Santa Cecília, em estilo românico, da qual Micheli cuidou, com um sentido de coerência, também toda a ornamentação, compreendendo nisso os móveis, os altares, as pinturas[7]; e ao Banco Francês e Italiano para a América do Sul (Fig. 72), cópia não muito fiel do "Palazzo Strozzi". Foi iniciado em 1919; e, se Micheli não tivesse morrido logo após iniciado os trabalhos, essa construção ter-lhe-ia dado a ilusão de ter transportado na cidade adotiva, à qual se tinha profundamente afeiçoado, o encanto dos antigos palácios florentinos. A escrupulosa observância das partições espaciais e dos elementos decorativos da Renascença toscana, a elegância da construção e dos detalhes[8] suscitam um impulso de surpresa e comoção em cada italiano que, passando pela Rua XV de Novembro, vê de repente o edifício diante de seus olhos, mesmo que se trate de um italiano que em seu íntimo censura toda arquitetura maneirista, fruto de cultura e não de pesquisa pessoal.

Quando adoeceu, Micheli confiou a execução dos trabalhos do Banco a seu sócio, engenheiro Chiappori, que demonstrou habilidade técnica e uma grande paciência, durante a construção.

6. Nº 296. O edifício é de Micheli. Fig. 69.

7. A decoração pictórica foi executada pelo filho daquele Cattani, também pintor, de quem demos notícia à p. 82.

8. Veja-se Fig. 70.

Fig. 65 — Capela da Santa Casa de Misericórdia — L. Pucci. (Foto Luiz A. Passaglia).

Fig. 66 — Pavilhão Central da Santa Casa de Misericórdia. (Foto Luiz A. Passaglia).

Fig. 67 — Viaduto Santa Efigênia em construção — G. Micheli e G. Chiappori, 1911-13. (Reprodução: *Construção do Viaduto Santa Efigênia*; Foto E. Manuel).

Fig. 68 — Viaduto Santa Efigênia em 1980. (Foto Luiz A. Passaglia).

Fig. 69 — Edifício da Livraria Francisco Alves não mais existente, localizado à Rua Líbero Badaró — G. Micheli.

Os diretores do Banco, de fato, nunca quiseram interromper seu trabalho, nem quiseram transferir os escritórios para outro lugar. E Chiappori teve que demolir o velho edifício e construir o novo, enquanto os funcionários do Banco continuavam trabalhando.

Não tem absolutamente dúvida que entre os muitos edifícios, assim chamados de estilo florentino, que surgiram em São Paulo naqueles anos, o palácio de Micheli e Chiappori se sobressai por coerência e requinte.

Dos outros, numerosos, citaremos somente a sede da Policlínica de São Paulo à Rua do Carmo[9], os palacetes da Rua Venceslau Brás[10] e da Praça João Mendes, por fim a casa do Professor Splendore, na Rua Tomás Carvalhal[11], que foi projetada por Battiti e construída, parcialmente, por Buchignani[12].

Esta última, associação incongruente de ciência arqueológica e de reminiscências literárias, nos leva, mais uma vez, à história do imigrado italiano, que retomaremos daqui a pouco, ao falar de Bianchi.

Outros engenheiros e arquitetos italianos trabalharam, pelo contrário, naqueles anos, seguindo o estilo floreal, assim como aparece nos trabalhos de Micheli anteriores ao Banco Francês e Italiano; mas sua obra é menos significativa.

A Corberi deve-se o edifício do "Teatro Santa Helena" na Praça da Sé; a Giuseppe Sacchetti, a igreja da Rua 13 de Maio: e de evidente derivação italiana são duas casas da Rua Álvaro de Carvalho[13], das quais não conseguimos descobrir o autor; e dois graciosos sobrados da Rua Marquês de Itu[14].

E o mais luxuoso exemplo de edifício arquitetado e decorado em estilo floreal, em São Paulo, isto é, a mansão Penteado em Higienópolis (Fig. 73), foi inspirado, seja em seu exterior seja na luxuosa decoração dos salões internos, em modelos franceses[15].

9. Nº 54, Fig. 74.

10. Nº 67, Fig. 75.

11. Nº 50.

12. Enquadram-se neste grupo também as duas mansões de Ranzini, na Avenida Angélica. Veja-se à p. 95.

13. Nºs 75 e seguintes e 97.

14. Nºs 76 e 80.

15. Veja-se: Sebastião Pagano, *Diário de São Paulo* de 7--11-1952. A mansão ocupa toda uma quadra entre a Rua Itambé, a

Fig. 70 — Igreja de Santa Cecília — G. Micheli. (Foto Luiz A. Passaglia).

Fig. 71 — Edifício localizado à Rua General Jardim esquina com a Cesário Motta Jr. — Giusepe Chiappori. (Foto Luiz A. Passaglia).

Não por analogias estilísticas, mas como edifício que surgiu com o evidente desejo de não levar em consideração os velhos estilos tão caros ao século XIX, deve aqui ser citado o famoso Prédio Martinelli" (Fig. 76), calculado pelo proprietário em 1929. Mas julgamos que ele não possa aspirar a outros merecimentos senão o de ter sido o primeiro arranha-céu que surgiu em São Paulo.

Giovanni Battista Bianchi

Nossa crônica do imigrado italiano, vista através das casas em que ele sucessivamente morou, tinha se detido, em fins do século passado, ao surgir das primeiras construções de uma certa importância, erguidas em São Paulo pelos mestres-de-obras mais reputados, para os compatriotas bem estabelecidos e que tinham se tornado ricos[16].

Retomemo-la, agora, por volta de 1910-1915. Assim como tinha acontecido com as modestas, elementares casinholas dos primeiros anos, também os palacetes mais amplos e enfeitados foram em breve julgados inadequados à vida cômoda e luxuosa, à qual tinham chegado alguns entre os imigrados italianos.

A esse ponto a saudade pela casa italiana se torna, para os imigrados, um sonho de contornos imprecisos e mutáveis. Não os pode socorrer, em tão mudadas condições econômicas, uma lembrança precisa de uma casa em que já moraram ou, em todo caso, conhecida; ocorre-lhe ao contrário à mente a grande casa de luxo, que sonharam em sua juventude, somente, talvez, como miragem inalcançável.

Agora o imigrado quer estar na moda, quer superar em luxo os outros imigrados que, também, tiveram sucesso; quer, também – e este é o passo mais difícil de ser dado – entrar no fechado "clã" das antigas famílias brasileiras.

Manda vir, pois, materiais e projetos completos de casas, da Itália, ou então recorre aos novos arquitetos, que chegaram trazendo as últimas novidades no campo das construções

---

Rua Maranhão, a Avenida Higienópolis e a Rua Sabará. Recentemente foi doada à Escola de Arquitetura da Universidade de São Paulo.

Podemos ainda assinalar, entre as obras menos significativas em estilo floreal, o palacete da Rua São Bento, 217 e uma casa, a da Rua das Palmeiras, 222, na qual duas enormes telas de arames rodeiam as janelas.

16. Veja-se pp. 47 e ss.

Fig. 72 — Banco Francês e Italiano – G. Micheli, 1919. (Foto fornecida pelo Engenheiro Chiappori).

e da decoração. Tão logo desembarcou, um hábil arquiteto pôde contar com o favor dos velhos compatriotas.

Assim aconteceu com Giovanni Battista Bianchi, que tinha trabalhado na Itália durante muitos anos com sucesso, e tinha todos os requisitos para se tornar o arquiteto em moda da colônia italiana.

Bianchi chegou em São Paulo em 1911, com um contrato de trabalho que lhe tinha sido fornecido pelo engenheiro Morelli, para o qual construiu uma casa, no local onde agora se encontra o edifício de *A Gazeta*.

Tinha nascido em Erba em 1885; tinha se formado arquiteto na Escola de Belas-Artes de Milão; foi, mais tarde, regularmente inscrito no Álbum Profissional dos Arquitetos e Engenheiros milaneses.

Antes de expatriar tinha freqüentado o estúdio de Sommaruga, que era um dos mais famosos fautores do estilo floreal e um dos mais laboriosos arquitetos milaneses daqueles anos. Quando Crudo recolheu num volume as reproduções das fachadas modernas mais admiradas em Milão naquele tempo, ao lado de muitas de Sommaruga, de Salmoiraghi, Stacchini, Pirovano, Parini, Moretti, apresentou duas de autoria de Bianchi[17], perfeitamente harmonizadas com aquelas, pelo abuso das decorações em forma de folhas e flores, pela preponderância das linhas verticais, das janelas altas e estreitas, muitas vezes subdivididas em várias luzes, as sacadas de ferro, com os usuais motivos ornamentais[18].

Poucos meses após ter desembarcado, Bianchi foi empossado pela Diretoria das Obras Públicas, em cujos escritórios tantos italianos já se tinham revezado. O doutor Naccarato, o diretor na época, conserva ainda com grande cuidado plantas e projetos elaborados por Bianchi para escolas de várias localidades do Estado e da Capital.

A escola primária da Lapa (Fig. 77), aquela da Rua Conde São Joaquim, dedicada a Campos Sales, assim como outras executadas em Botucatu, Guaratinguetá e Piracicaba, obedecem a um único esquema. São edifícios de dois andares, com planta em "V", que apresentam um corpo central e duas alas laterais.

---

17. Ver: *Le costruzioni moderne in Italia. Facciate di edif. in stile moderno*. C. Crudo e C. Torino, s.d., tav. 55 do I vol.; 18 do II. A primeira está na Praça Morgagni.

18. A segunda está na Via Mascheroni, 20.

Fig. 73 — Vila Penteado no início do século XX. (Reprodução: *S. Paulo*, Menotti Levi, Editor).

Fig. 74 — Antiga sede da Policlínica de São Paulo na Rua Roberto Simonsen, antiga Rua Maria do Carmo — Micheli e Chiappori. (Foto Luiz A. Passaglia).

No corpo central se encontram a diretoria, a secretaria, os vestiários e as áreas de serviço, ao passo que nas duas alas há as salas de aulas e os corredores.

Estas escolas obedecem a conceitos modernos, seja pela amplitude, seja pela racionalidade das plantas. Achamos porém estranho que Bianchi tenha repetido o erro no qual, muitos anos antes, tinha caído Bezzi ao projetar o edifício do Museu do Ipiranga, também destinado a ser uma escola: nenhum dos dois engenheiros considerou a exigência de orientar as aulas para o norte, de modo a obter a exposição necessária, para mantê-las suficientemente ensolaradas e secas[19].

Para a Seção das Obras Públicas, Bianchi projetou também a sede do Corpo dos Bombeiros, da qual foi executada somente a parte central, tal como funciona ainda hoje, na Praça João Mendes.

Tão logo se espalhou a voz que trabalhava em São Paulo um jovem arquiteto, já conhecido em Milão entre os expoentes da "arte nova", os magnatas da colônia italiana desejaram conhecê-lo e fazer com que ele trabalhasse para eles. A ele se dirigiu o Conde Francisco Matarazzo, incumbindo-o de ampliar o palacete construído por Saltini. E através dos Matarazzo teve a incumbência de construir o Hospital Humberto I.

Entre 1912 e 1915, Bianchi trabalhou em sociedade com o Professor Alberto Pozzo, que tinha sido encarregado de ensinar Resistência dos Materiais na Escola Politécnica. Fruto desta colaboração é a mansão Monte Murro na Rua Peixoto Gomide[20]. Trata-se de uma casa alta, de dois andares, com estreitas janelas, e uma ornamentação em estilo floreal à base de medalhões com cabeças de mulheres e grinaldas de frutas. Apesar de a decoração ser moderada, em nossa opinião a casa não apresenta atrativos especiais.

Pozzo voltou à Itália para tomar parte da Primeira Guerra Mundial e Bianchi continuou sozinho a dar andamento ao estúdio.

19. Veja-se quanto exposto à p. 45, nota 15.

20. Nº 722. Terminada a guerra, Pozzo teve a cátedra de. Resistência das Construções da Universidade de Pisa, onde desempenhou múltiplos encargos. Entre outras coisas, projetou planos de bonificação para a planície pisana. Teve muita parte nos projetos e na execução dos trabalhos para o Vale do Tirso, na Sardenha. Faleceu em 1932.

Fig. 75 — Edifício à Rua Wenceslau Braz. (Foto Luiz A. Passaglia).

Fig. 76 — Prédio Martineli. (Foto Luiz A. Passaglia).

Fig. 77 — Escola Primária da Lapa na década de 1920 — Giovanni Battista Bianchi. (Reprodução: *A Capital Paulista Comemorando o Centenário da Indepedência*).

Fig. 78 — Residência do Senador Andrea Matarazzo no Guarujá — G. B. Bianchi, 1938. (Foto Zanella).

A família Crespi se tornou sua cliente fiel. Entre os anos de 1920 e 1927 o incumbiram do projeto e da construção de suas casas, a Condessa Marina e os filhos Renata Crespi- -Prado e Conde Adriano[21]. Para os Crespi construiu, também, um prédio na Rua São Bento e as fábricas da Mooca[22].

A casa da Condessa Marina, destituída de decoração, com um alpendre sustentado por colunazinhas delgadas de mármore cor-de-rosa, janelas estreitas emparelhadas por meio de uma fina delineação de estuque, não apresenta nenhuma característica digna de nota. Podemos colocá-la no mesmo grupo com as outras que acabamos de citar, com aquela do Conde Attilio Matarazzo, e com a casa do senhor Gallian, que Bianchi construiu também naqueles anos.

Em 1927 Bianchi deixou o Brasil, para ir à Feira de Amostras de New York, onde erigiu um pavilhão. Voltou então para a Itália, onde permaneceu até 1933. Naqueles seis anos, projetou a Igreja de Mussolinia; restaurou a Mole Antonelliana; participou do concurso para o arranjo da "Manica Lunga" (Manga Comprida) em Milão, ganhando uma medalha de ouro.

Tendo recusado inscrever-se ao "Fascio", a vida em Milão se lhe tornou difícil e resolveu então voltar para o Brasil, em 1933. Deste segundo período, terminado por uma trágica morte, em 1942[23], é a maior parte de seus trabalhos e talvez, também, a mais significativa. Seu estilo tinha sofrido uma transformação radical e se distinguia, agora, essencialmente, pela valorização dos elementos estruturais, evidenciados pela total abolição de toda decoração aplicada; pela busca em adaptar o edifício ao ambiente natural circunstante.

Segundo esse estilo, mais aderente ao gosto atual, Bianchi, se não teve uma verdadeira originalidade de idéias, teve porém o mérito de se manter atualizado quanto às novidades, projetou o arranjo da "Fazenda Santa Cruz", com uma piscina de travertino e mármore de Carrara; a casa do Conde Adriano

---

21. A casa da Condessa Marina Crespi se encontra na Avenida Paulista, 1842. Aquela da filha Renata também se encontra na Avenida Paulista de esquina a Rua Eugênio de Lima. Aquela do Conde Adriano, na Rua Manuel da Nóbrega.

22. O prédio da Rua São Bento é o de nº 290. As fábricas da Mooca são os cotonifícios da Rua Javari, 403.

23. Bianchi se suicidou em novembro de 1942.

125

Crespi, em Santo Amaro, que repete um motivo caro a muita arquitetura funcional: o aspecto de uma ponte de navio, engastada na paisagem; por fim, a creche dos Cotonifícios Crespi na Mooca. Apesar de ter sido terminado quase oito anos depois da inauguração da primeira casa de Warchawchik, a creche, com suas delgadas colunazinhas de base, as faixas horizontais de tijolos, delineadas por alvenaria, e as amplas janelas, pareceu tão radicalmente moderno, que alguns jornais insurgiram-se e o censuraram. A nosso ver, trata-se da melhor obra de Bianchi[24].

Além de arquiteto, Bianchi foi também aquarelista de talento e expôs com sucesso uma série de aquarelas, em Milão em 1929 e em São Paulo em 1932.

Fig. 79 — Creche "Maria Crespi", na Moóca — G. B. Bianchi, 1938. (Foto fornecida pela Sra. G. Bianchi).

24. Ver Fig. 79.

5. A ARQUITETURA MODERNA ITALIANA EM SÃO PAULO

O interesse que a história da arquitetura moderna na Itália apresenta no plano geral, para todos os países, consiste, antes que nos edifícios, na cultura arquitetônica; mais que nas obras, no pensamento que as provocou. Expressei na apresentação deste livro, a confiança de que a Itália possa utilmente contribuir à cultura arquitetônica do mundo...

(na Itália)... o debate intelectual, a pesquisa intelectual, a pesquisa crítica, o nível moral de uma luta encarniçada, desesperada em defesa do movimento moderno contra a prepotência do Estado e a indiferença do público têm sido tão elevados que sua história contribui originalmente aos desenvolvimentos internacionais, e confia aos homens e às gerações, hoje ativas, a herança de um nobre capítulo cívico e o nome de seus heróis.

(BRUNO ZEVI – *Storia dell'architettura moderna*)[1]

1. Bruno Zevi, *Storia dell'architettura moderna*, Turim, G. Einaudi, 1950, p. 214.

Na década compreendida entre 1920 e 1930 as imigrações da Itália diminuíram sensivelmente, também em conseqüência da política fascista. Em São Paulo, todavia, continuavam a construir muito, seja os arquitetos locais, seja os italianos que aí tinham imigrado precedentemente e já tinham se afirmado por aquela época. Remontam àqueles anos os arranjos dos bairros-jardins; muitos edifícios comerciais do centro; alguns parques industriais na periferia.

No campo da arquitetura, a moda que encontrava o favor de todos, era mesmo, sempre, o floreal; do qual Micheli e Chiappori tinham dado, e o segundo continuava a dar, uma interpretação comedida e coerente, em que o elemento decorativo nunca chegou a perturbar o núcleo essencial da construção.

O floreal, que alguns anos antes tinha surgido em toda a Europa para exprimir a nova civilização do ferro e do cimento, era agora chamado em São Paulo, com o atraso comum a toda importação, para resolver os problemas de uma cidade industrial em formação.

E como na Itália, onde, de resto, o floreal teve curta duração e um campo de ação limitado, o cansaço de certos excessos de ornamentação decorativa foi logo notado; assim também em São Paulo, depois de 1924-1925 se notava uma tendência bastante difundida em desbastar as estruturas e as paredes de toda sobreposição que invalidasse sua clareza. Resultaram disso algumas vilazinhas desbotadas, destituídas de caráter, tais como foram as obras de Bianchi, precedentes de sua viagem à América do Norte, que encontraram suas correspondentes em numerosas mansões que tinham aparecido na Itália na mesma época. Pertencem a esse grupo também três casas construídas por Chiappori na Rua Bahia, numa das quais o adorno floreal ficou limitado aos lírios de Florença que substituem os capitéis.

Mas o ecletismo ainda não tinha declinado. Mansões de diferentes estilos: medievais e renascentistas, coloniais, portugueses e espanhóis, iam se alternando nas ruas e nas alamedas do Jardim Paulista, que surgiu em primeiro lugar; do Jardim América e do Paulistano, depois; ao passo que o Jardim Europa, que se desenvolveu pouco antes e durante a Segunda Guerra Mundial, recebeu também experiências mais recentes.

No Instituto dos Arquitetos de São Paulo imperavam Krug, que foi um dos primeiros sócios de Ramos de Azevedo

128

e que projetou, entre outras coisas, o antigo Banco Alemão[2], Dácio de Morais e Cristiano das Neves, de quem tornaremos a falar dentro em breve; e aquele engenheiro Capua, que publicava os projetos mais admirados naquela época e depreciados em nossos dias, na revista *Arquitetura e Construções*, órgão oficial do Instituto dos Arquitetos, da qual ele era diretor.

A consciiosa coleção de motivos coloniais publicada por Ranzini em 1927[3] era consultada com freqüência e com proveito por construtores e comitentes, assim como tinha acontecido quarenta anos antes com o *Vinhola dos Proprietários*.

Como não foi tido no Brasil vislumbre algum do movimento de arquitetura funcional, que estava se difundindo na América exatamente naqueles mesmos anos que em São Paulo, o neoclassicismo de Pucci e de Bezzi constituía uma revelação e ganhava partidários; de modo igual, não encontraram aqui repercussão alguma as diferentes experiências de arquitetura moderna levadas a termo na Holanda, na Bélgica, na França e na Alemanha, por artistas de grandíssimo valor, cujas obras criavam as bases da renovação arquitetônica européia.

Hoje que o Brasil se inseriu perfeitamente no panorama arquitetônico mundial, e seus arquitetos são admirados e estudados em todos os países, parece incrível que não se tivesse, então, uma visão exata nem de quanto acontecia ou tinha acabado de acontecer na Itália, onde a renovação no sentido moderno da arte e da arquitetura se manifestou com um atraso de pelo menos dez anos, em comparação com o dos outros países da Europa.

Em 1914, Antônio Sant'Elia lançava o *Manifesto da Arquitetura Futurista* que promulgava o pleno direito do artista à liberdade criativa e desencadeava a revolta contra o passado. Por volta de 1925, porém, o estrondo que seguiu à pregação futurista tinha se dissipado e os elementos positivos contidos nas românticas frases de Sant'Elia tinham sido em vão.

Se a obra neo-romana e monumental de Marcello Piacentini, que começava a produzir em 1920, teve por efeito retardar todo movimento em direção do novo, já em 1926 a reação estava pronta: constituía-se em Milão, o "Grupo 7", que imediatamente iniciava uma pacata e ativa polêmica jornalística

---

2. Na Rua XV de Novembro, 161. Agora, é o Banco de Londres.

3. Felisberto Ranzini, *Estilo Colonial Brasileiro. Composição arquitetônica dos motivos originais de Felisberto Ranzini*, São Paulo, Saraiva, 1927.

de suporte de seus próprios princípios e promovia, em 1928, a primeira exposição italiana de arquitetura racional, fundando então o "M.I.A.R."[4].

Mesmo que, então, oficialmente, a arquitetura italiana estivesse atrasada em comparação a outros países, os jovens arquitetos seguiam com maior interesse o desenvolvimento das novas tendências arquitetônicas e discutiam, estudavam e criticavam o novo movimento, preparando-se, eles também, para dizer seu ponto de vista. Foi naquele ambiente e naqueles anos que se formaram dois arquitetos, aos quais se deve a introdução em São Paulo dos primeiros sinais de uma renovação na arte de construir: Gregori Warchawchik e Rino Levi. Nenhum dos dois é italiano, mas ambos viveram e estudaram na Itália, e ambos afirmaram dever a seus estudos daqueles anos, não somente o preparo técnico, mas também sua profunda formação cultural.

Até esse ponto, estudamos as construções surgidas em São Paulo por influência de uma arquitetura, que foi expressão plástica de um modo de vida, de um período histórico, que teve na Itália seu centro de difusão. Neste sentido nós definimos como "italianas" as primeiras casas neoclássicas de São Paulo, as casinhas dos mestres-de-obras, algumas das obras de Micheli e Chiappori.

Mas quando, discorrendo de arquitetura moderna, nos referimos às obras de arquitetos italianos, ou educados na Itália, para os quais vale a influência direta da cultura humanística, não mais devemos falar de "arquitetura italiana" mas de "arquitetura de italianos". Pois que hoje não mais se trata de uma linguagem arquitetônica italiana, mas de uma linguagem arquitetônica, comum a todos os países, expressa por italianos.

Gregori Warchavchik

Gregori Warchavchik, o homem que sozinho, por esforço pessoal, iniciou o movimento em prol da arquitetura moderna em São Paulo, era russo. Mas quando, em 1917, teve que abandonar Odessa, sua cidade natal, interrompendo os estudos, por causa da guerra e da revolução[5], foi para Roma e aí se inscreveu nos cursos de arquitetura dirigidos por Marcello Pia-

---

4. Movimento Italiano Architettura Razionale.
5. Tinha nascido em Odessa a 2 de abril de 1896.

Fig. 80 — Residência do arquiteto à Rua Santa Cruz — G. Warchavchik, 1939. (Foto Zanella).

Fig. 81 — A Casa Modernista à Rua Itápolis, no Pacaembu — G. Warchavchik. (Reprodução: *Warchavchik*, Geraldo Ferraz).

centini, de quem, ao obter seu diploma, foi também assistente. O arquiteto recorda as longas discussões com o mestre, que o estimava e com o qual colaborava. Em Roma, também seguiu um curso que tendia formar professores de história da arquitetura.

Durante os anos em que permaneceu na Itália, o jovem Gregori Warchavchik percorreu toda a Península, visitando suas principais cidades e estudando os monumentos de arte, metro e lápis à mão; assistindo às batalhas que os pioneiros da arte moderna aí conduziam para o triunfo de próprias idéias.

Ele, então, chegou no Brasil[6] com uma cultura italiana, seja no campo da profissão, seja no mais amplo campo do preparo histórico. A este preparo, o arquiteto acrescentava aquele tirado do estudo das obras dos arquitetos dos outros países da Europa, aos quais aludiremos mais adiante.

Em 1928, Warchavchik inaugurava em São Paulo a primeira casa moderna: aquele palacete da Rua Santa Cruz[7] (Fig. 80), onde ele morou até à data de sua morte. A opinião pública não tinha sido, absolutamente, preparada para apreciar a improvisa novidade, nem em sede teórica, como já mencionamos, nem no campo prático da atividade de artistas que tivessem pré-anunciado de maneira clara o advento de formas novas. O ambiente culto que seguia os movimentos artísticos ficou perturbado com a novidade, do mesmo modo que teria ficado pela explosão de uma bomba.

É, portanto, verdade que Warchavchik tinha publicado, há já dois anos, o "Primeiro Manifesto da Arquitetura Funcional" redigido no Brasil[8], no qual afirmava a necessidade de criar uma arquitetura nova, que refletisse com maior aderência a vida do homem moderno e no qual expunha os postulados principais da arquitetura funcional. Mas somente um restrito grupo de intelectuais e uns poucos especialistas tinham tomado visão daquelas enunciações, claras e convincentes, mesmo se redigidas na língua pouco fluente de um estrangeiro, residente no Brasil há somente dois anos.

6. Em 1923, chamado pela "Companhia Construtora de Santos".

7. Nº 325. Foi ampliada e modificada em 1935.

8. In *Correio da Manhã*, novembro de 1925. Transcrevemos, a seguir, o texto completo do "Manifesto":

ACERCA DA ARQUITETURA MODERNA
Manifesto de Warchawchik de 1º de novembro de 1925

A nossa compreensão de beleza, as nossas exigências quanto à mesma, fazem parte da ideologia humana e evoluem incessantemente com ela, o que faz com que cada época histórica tenha sua lógica da

Fig. 82 — Estudos para residências, projetos de G. Warchavchik em Roma, 1921. (Fornecidos pelo arquiteto).

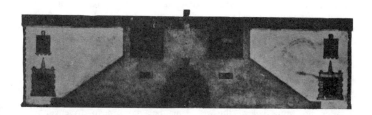

Os dez artigos publicados pelo *Correio Paulistano*, com os quais Warchavchik sustentava a validade da arquitetura moderna, explicando sua gênese nos vários países europeus, expondo as lutas sustentadas por Gropius e por Le Corbusier, para, finalmente, parafrasear o manifesto lavrado em Le Serraz, apareceram simultaneamente na casa da Rua Santa Cruz. Serviram, pois, antes de comentário, que de premissa ou de anúncio.

beleza. Assim, por exemplo, ao homem moderno, acostumado às épocas passadas parecem obsoletos e às vezes ridículos.

Observando as máquinas do nosso tempo, automóveis, vapores, locomotivas, etc., nelas encontramos, a par da racionalidade da construção, também uma beleza de formas e linhas. Verdade é que o progresso é tão rápido que tipos de tais máquinas criadas ainda ontem, já nos parecem imperfeitos e feios. Essas máquinas são construídas por engenheiros, os quais, ao concebê-las, são guiados apenas pelo princípio de economia e comodidade, nunca sonhando em imitar algum protótipo. Esta é a razão por que as nossas máquinas modernas trazem o verdadeiro cunho de nosso tempo.

A coisa é muito diferente quando examinamos as máquinas para habitação-edifícios. Uma casa é, no final das contas, uma máquina cujo aperfeiçoamento técnico permite, por exemplo, uma distribuição racional de luz, calor, água fria e quente, etc. A construção desses edifícios é concebida por engenheiros, tomando-se em consideração o material de construção da nossa época, o cimento armado. Já o esqueleto de um tal edifício poderia ser um monumento característico da arquitetura moderna, como o são também pontes de cimento armado e outros trabalhos, puramente construtivos, do mesmo material. E esses edifícios, uma vez acabados, seriam realmente monumentos de arte da nossa época, se o trabalho do engenheiro construtor não se substituísse em seguida pelo do arquiteto decorador. É aí que, em nome da ARTE, começa a ser sacrificada a arte. O arquiteto, educado no espírito das tradições clássicas, não compreendendo que o edifício é um organismo construtivo cuja fachada é sua cara, prega uma fachada postiça, imitação de algum velho estilo, e chega muitas vezes a sacrificar as nossas comodidades por uma beleza ilusória. Uma bela concepção do engenheiro, uma arrojada sacada de cimento armado, sem colunas ou consolos que a suportem, logo é disfarçada por meio de frágeis consolas postiças asseguradas com fios de arame, as quais aumentam inútil e estupidamente tanto o peso como o custo da construção.

Do mesmo modo, cariátidas suspensas, numerosas decorações não construtivas, como também abundância de cornijas que atravessam o edifício, são coisas que se observam a cada passo na construção de casas nas cidades modernas. É uma imitação cega da técnica da arquitetura clássica, com essa diferença que o que era tão-só uma necessidade construtiva ficou agora um detalhe inútil e absurdo. As consolas serviam antigamente de vigas para os balcões, as colunas e cariátidas suportavam realmente as sacadas de pedra. As cornijas serviam de meio estético preferido da arquitetura clássica para que o edifício, construído inteiramente de pedra de talho, pudesse parecer mais leve em virtude de proporções achadas entre as linhas horizontais. Tudo isso era lógico e belo mas não é mais.

134

Assim o telhado plano, as paredes alvas e nuas, as janelas sem moldura, as arestas cortantes, o rigor geométrico da casa de Vila Mariana constituíram para os paulistas uma novidade absoluta: escandalizaram a maioria, suscitaram polêmicas sem fim e protestos veementes.

O arquiteto moderno deve estudar a arquitetura clássica para desenvolver seu sentimento estético e para que suas composições reflitam o sentimento do equilíbrio e medida, sentimentos próprios à natureza humana. Estudando a arquitetura clássica, poderá ele observar quanto os arquitetos de épocas antigas, porém fortes, sabiam corresponder às exigências daqueles tempos. Nunca nenhum deles pensou em criar um estilo; eram apenas escravos do espírito do seu tempo. Foi assim que se criaram, espontaneamente, os estilos de arquitetura conhecidos não somente por monumentos conservados-edifícios, como também por objetos de uso familiar colecionados pelos museus. E é de se observar que esses objetos de uso familiar são do mesmo estilo que as casas onde se encontram, havendo entre si perfeita harmonia. Um carro de cerimônia traz as mesmas decorações que a casa de seu dono.

Encontrarão os nossos filhos a mesma harmonia entre os últimos tipos de automóveis e aeroplanos de um lado e a arquitetura das nossas casas do outro? Não, e esta harmonia não poderá existir enquanto o homem moderno continue a sentar-se em salões estilo Luís tal ou em salas de jantar estilo *Renaissance*, e não ponha de lado os velhos métodos de decoração das construções. Vejam as clássicas pilastras, com capitéis e vasos, estendidas até o último andar de um arranha-céu, numa rua estreita das nossas cidades! É uma monstruosidade estética! O olhar não pode abranger de um golpe a enorme pilastra; vê-se a base e não se pode ver o alto. Exemplos semelhantes não faltam.

O homem, num meio de estilos antiquados, deve sentir-se como num baile fantasiado. Um *jazz-band* com as danças modernas num salão estilo Luís XV, um aparelho de telefonia sem fio num salão estilo Renascença, é o mesmo absurdo como se os fabricantes de automóveis, em busca de novas formas para as máquinas, resolvessem adotar a forma de carro dos papas do século XIV.

Para que a nossa arquitetura tenha seu cunho original, como o têm as nossas máquinas, o arquiteto moderno deve não somente deixar de copiar os velhos estilos, como também deixar de pensar no estilo. O caráter da nossa arquitetura, como das outras artes, não pode ser propriamente um estilo para nós, os contemporâneos, mas sim para as gerações que nos sucederão. A nossa arquitetura deve ser apenas racional, deve basear-se apenas na lógica e esta lógica devemos opô-la aos que estão procurando por força imitar na construção algum estilo. É muito provável que este ponto de vista encontre uma oposição encarniçada por parte dos adeptos da rotina. Mas também os primeiros arquitetos do estilo *Renaissance*, bem como os trabalhadores desconhecidos que criaram o estilo gótico, os quais nada procuravam senão o elemento lógico, tiveram que sofrer uma crítica impiedosa de seus contemporâneos. Isso não impediu que suas obras constituíssem monumentos que ilustram agora os álbuns da história da arte.

Aos nossos industriais, propulsores do progresso técnico, incumbe o papel dos Médici na época da Renascença e dos Luíses da França.

135

Fig. 83 — Projeto não executado, para o Paço Municipal de São Paulo — Gregori Warchavchik, 1931. (Foto fornecida pelo arquiteto).

Mais hostis, se manifestaram, Dacio de Morais e Cristiano das Neves, os quais escreveram artigos incandescentes no *Correio Paulistano* e em *Arquitetura e Construções*. E hostis foram as autoridades, a ponto de que, para obter a licença da Prefeitura, o arquiteto se viu na obrigação de apresentar desenhos judiciosamente alterados, com as cornijas que atenuavam a nudez das paredes. Somente Oswald e Mário de Andrade[9] se ergueram em sua defesa.

Pouco depois da casa da Rua Santa Cruz, Warchavchik construía, seguindo os mesmos princípios, uma casa na Rua Melo Alves e algumas outras habitações para pequenas famílias, de condições econômicas modestas. Entre estas há também um grupo de casas populares, todas elas ligadas uma à outra (geminadas), com um quintal, que retomam o tema planimétrico já explorado pelos mestres-de-obras de fins do século XIX.

De 1930 é a casa da Rua Itápolis (Fig. 81), no Pacaembu, recém-subdividido em lotes. Nela Warchavchik expôs também objetos de arte decorativa, móveis, pinturas, gravuras, livros ilustra-

---

Os princípios da grande indústria, a estandardização de portas e janelas, em vez de prejudicar a arquitetura moderna, só poderá ajudar o arquiteto a criar o que, no futuro, se chamará o estilo do nosso tempo. O arquiteto será forçado a pensar com maior intensidade, sua atenção não ficará presa pelas decorações de janelas e portas, buscas de proporções, etc. As partes estandardizadas do edifício são como tons de música dos quais o compositor constrói um edifício musical.

Construir uma casa, a mais cômoda e barata possível, eis o que deve preocupar o arquiteto construtor da nossa época de pequeno capitalismo, onde a questão de economia predomina sobre todas as mais. A beleza da fachada tem que resultar da racionalidade do plano da disposição interior, como a forma da máquina é determinada pelo mecanismo que é a sua alma.

O arquiteto moderno deve amar sua época, com todas as suas grandes manifestações do espírito humano, como a arte do pintor moderno, compositor moderno ou poeta moderno; deve conhecer a vida de todas as camadas da sociedade. Tomando por base o material de construção de que dispomos, estudando-o e conhecendo-o como os velhos mestres conheciam sua pedra, não receando exibi-lo no seu melhor aspecto do ponto de vista de estética, fazendo refletir em suas obras as idéias do nosso tempo, a nossa lógica, o arquiteto moderno saberá comunicar à arquitetura um cunho original, cunho nosso, o qual será talvez tão diferente do clássico como este o é do gótico. Abaixo as decorações absurdas e viva a construção lógica, eis a divisa que deve ser adotada pelo arquiteto moderno.

9. In *Correio da Manhã* e in *Diário Nacional*, em vários números de 1928.

dos, esculturas, que tinha pedido emprestados a artistas como Tarsila, di Cavalcanti, Brecheret, Malfatti, Goeldi, Segall, etc., para ratificar a necessidade da colaboração entre artistas para criar ambientes homogêneos.

A casa da Rua Itápolis teve a aprovação de Le Corbusier, que se encontrava no Brasil, de passagem. Geraldo Ferraz deu então a conhecer, através do *Diário da Noite* — repetindo num volume sobre Warchavchik (que saiu poucos meses depois da primeira edição em italiano do presente volume) — as conversações trocadas naquela ocasião entre o arquiteto francês, Warchawchik e outros artistas de São Paulo.

A esse ponto pode-se dizer que se findou a primeira fase da iniciativa assumida por Warchavchik, de dar a conhecer e difundir a arquitetura moderna no Brasil.

As fases sucessivas se desenvolveram no Rio de Janeiro e tiveram novos protagonistas, tais como Lúcio Costa, que chamou Warchavchik para a cátedra de arquitetura na Escola Nacional de Belas-Artes, F. L. Wright, que esteve na capital brasileira em 1932, Oscar Niemayer e um grupo de jovens que expuseram no "Primeiro Salão de Arquitetura Tropical", em 1933.

Não é nossa a tarefa de narrar os acontecimentos através dos quais a arquitetura moderna conseguiu triunfar no Brasil, tanto mais que eles são brilhantemente narrados pela pena do jornalista Geraldo Ferraz que, por dever de seu ofício, seguiu de perto todas as fases da luta. Nós desejamos somente levar a nossa pesquisa até podermos individuar nas obras de Warchavchik aqueles elementos que seriam dificilmente explicáveis, sem recorrer a uma influência direta da arte italiana, e àquela profunda cultura geral, que se costuma chamar de humanística e que somente é adquirida por quem tenha familiaridade com a história, o pensamento, os monumentos do classicismo.

É bom notar, porém, imediatamente, que falando de arquitetura moderna segundo o valor dado à palavra na linguagem atual, não se pode falar de "influência italiana" no sentido em que se falou disso a propósito da arquitetura do século XIX. Não se trata, mais, de apontar precisas imitações de formas, mas, antes, de individuar uma característica formação mental do arquiteto, uma clareza de conceitos, uma inclinação pelo equilíbrio, a simetria, a harmonia. Trata-se da preferência na escolha dos materiais, do cuidadoso estudo das proporções, do equilíbrio dos volumes, da relação dos (espaços) cheios e dos (espaços) vazios, que alguns arquitetos modernos conseguem alcançar baseando-se sobre as mesmas leis geométricas estudadas e aplicadas pelos arquitetos da Renascença. É, em todo o caso, um muito sutil acento, que, mesmo que permeie a obra toda, é muitas vezes difícil de ser definido.

Em 1921, em Roma, recém-formado, Warchavchik desenhava os três pequenos estudos de casas, cuja fotografia anexamos[10].

São uma tradução, em linguagem simplificada, de antigos palácios do século XVIII e da Renascença, tais como se vê em muitas praças italianas. Devem ser notadas as aberturas em forma de arco, profundíssimas, a nítida subdivisão em planos horizontais, o gosto pelas extensões amplas de superfícies e pelas escadas externas. As lições de Gustavo Giovannoni e de Marcello Piacentini comunicaram ao recém-formado a paixão pelas reconstruções arqueológicas, cenográficas e românticas, das glórias italianas do passado.

Não temos documentos que nos ilustrem quanto à sua atividade entre o ano de 1921 e o ano de 1927. Mas a diferença da linguagem usada para as primeiras casas construídas em São Paulo nos diz que neste ínterim o arquiteto havia viajado muito pela Europa; que deve ter visto e meditado sobre as obras dos mestres do primeiro racionalismo europeu, assinaladamente, diríamos, a Casa Steiner que Adolfo Loos tinha erigido em Viena, em 1910, e que Bruno Zevi define como "o primeiro monumento da arquitetura racionalista", algumas casas de Peter Behrens em Hagen, o Edifício Industrial, erigido por Gropius na Exposição de Colônia em 1914; e provavelmente também os edifícios da Bauhaus onde, pela ação didática e prática de W. Gropius, convergiam as correntes figurativas vitais na Europa, naqueles anos. Não se deve esquecer que nos anos que se seguiram à Primeira Guerra Mundial, o racionalismo europeu já tinha completamente elaborado todos os seus princípios.

De inspiração cubista e lembrança gropiusiana nos parecem, de fato, as casas das ruas Santa Cruz, Melo Alves e Itápolis[11], para as quais viriam a calhar as palavras de A. Loos, "um jogo de volumes simples sob a luz". Mas o sentido das proporções que faz campir as três janelas retangulares na branca fachada, e a preponderância dos espaços cheios sobre os vazios, da primeira casa; os delgados pequenos pilares, que sustentavam o alpendre no primeiro projeto dela, e o terraço coberto da

10. Veja-se Fig. 82.
11. Ver Fig. 80.

casa da Rua Avanhandava[12] nos falam de um gosto clássico para o espaçamento e para o ritmo, de uma preferência pelas colunas, um dos elementos mais radicados na cultura arquitetônica italiana.

Uma clássica seqüência de partições e de janelas quadradas, encontramos também em dois grupos de casas econômicas, com plantas simples, erigidas à Rua Barão de Jaguara e Rua Dona Berta, esquina com a Rua Afonso Celso, conservadas só parcialmente.

O projeto originário para a casa dos Klabin na Avenida Europa previa um pátio retangular com dupla fileira de pilares, inspirado com certeza nos claustros da Renascença.

Lembranças precisas de praças italianas devem ter inspirado o arquiteto, em 1939, no projeto do "Paço Municipal" (ver Fig. 83). A alta torre isolada pode encontrar antepassados ilustres em muitas históricas praças italianas. Os altos pilares de mármore, que constituem o embasamento do palácio e são representados em escala monumental, se ressentem da obra de Piacentini como nenhuma outra obra de Warchawchik.

De inspiração italiana, enfim, e mais precisamente lombarda, pode se definir, nesse sentido, a mansão Warchawchik no Guarujá, que é de 1949. Revestida de pedras brutas, com poucas aberturas quadradas a quebrar o simples volume, a pequena casa traz à lembrança as moradas rurais do Ticino.

Rino Levi

Naquele mesmo ano de 1928, no qual se desenvolveram as polêmicas ao redor da casa da Rua Santa Cruz, abria seu estúdio em São Paulo outro arquiteto que se tinha formado na Itália e que devia ocupar um lugar notável na evolução da arquitetura moderna da cidade: Rino Levi.

Tinha nascido em São Paulo de pai italiano, estudado primeiramente na Academia de Brera em Milão, depois na Escola Superior de Arquitetura em Roma, onde conseguiu o diploma em 1926, tendo por professores Giovannoni, Piacentini, Del Debbio e Foschini.

Suas primeiras obras em São Paulo foram o Prédio Columbus, o cinema Art-Palácio, uma mansão em Santo Amaro, o edifício Sarti na Praça da República (Fig. 84), esquina com a Rua

---

12. Nº 38. O projeto original foi, a seguir, modificado.

Fig. 84 — Edifício Sarti na Praça da República esquina com a Rua Vieira de Carvalho — Rino Levi. (Foto Luiz A. Passaglia).

Vieira de Carvalho e outros edifícios que relacionaremos no Apêndice. São todos edifícios construídos com clareza, simplicidade de volumes, estrutura evidente, plantas estudadas com esmero, em relação à função.

Em silêncio, sem polemizar, com a seriedade e a tenacidade que são próprias de seu caráter e com a profundidade de seu preparo, também Rino Levi combatia sua batalha em favor da arquitetura moderna, desenvolvendo sua obra paralelamente àquela do antigo condiscípulo. E como aquela de Warchavchik, também a arquitetura de Rino Levi, não nos seria de todo clara, sem considerar as influências sutis e duráveis que a cultura italiana exerceu sobre sua formação.

Há, em todos os trabalhos de Rino Levi, mesmo nos mais recentes, mesmo naqueles que melhor se harmonizam com as experiências e com as pesquisas da moderna escola brasileira, a fundamental "substancialidade" comum à escola arquitetônica italiana; "substancialidade" que é o reflexo da bagagem de uma tradição secular, da cultura clássica, de um profundo e cuidadoso preparo técnico. E há também, talvez, em alguns trabalhos de Levi, uma diversidade entre "peso", que a tradição italiana lhe comunicou, impelindo-o a equilibrar os volumes, a escandir ritmicamente as superfícies, a instituir relações dimensionais, e o imprevisto, o estro, a audácia, a leveza que caracterizam a atual arquitetura do Brasil.

De 1928 até sua morte em 1965, Rino Levi trabalhou sem descanso, contribuindo grandemente na criação do aspecto moderno de São Paulo.

Entre suas obras mais recentes interessam principalmente a nossa pesquisa: o Instituto "Sedes Sapientiae" (Fig. 85) de 1941, o Teatro Cultura Artística de 1942 (Figs. 86 e 87), a casa do arquiteto na Rua Bélgica, de 1943, e a Maternidade Universitária (Fig. 88), de 1944.

No conjunto dos edifícios do "Sedes Sapientiae", queremos assinalar a marquise sustentada por delgadas colunas, que se desenrolam para ligar duas construções contíguas, que têm a nitidez de contornos, um ritmo e uma ariosidade aptos a chamar à memória certos fundos de casas e de aldeias das pinturas italianas do *Quattrocento* e muitos claustros da mesma época.

O Teatro Cultura Artística, cuja fachada curvilínea é coloridamente revestida de mosaicos e pastilhas, acolhe em seu interior duas salas de espetáculos. Na maior dessas salas, a que mais nos interessa, os lugares dispostos em hemiciclo em ordem ampla, a severa eliminação de todo elemento decorativo ou cromático, os numerosos acessos pela parte inferior

Fig. 85 — Instituto Superior "Sedes Sapientiae" — Pátio interno — Rino Levi, 1942. (Foto Luiz A. Passaglia).

Fig. 86 — Teatro Cultura Artística — Rino Levi, 1943-1949. (Foto Luiz A. Passaglia).

por meio de escadarias tiram sua inspiração dos antigos teatros romanos.

A casa do arquiteto, que está toda fechada no exterior por muros ininterruptos e agasalha em seu interior a vicejante vegetação tropical, por meio de estufas decorativas e os dois pátios, faz lembrar a eficácia da influência mediterrânea.

O conjunto dos edifícios que constituem a "Maternidade Universitária", projetado em colaboração com o arquiteto Cerqueira César, é o resultado de longos, laboriosos estudos preliminares, no intuito de resolver problemas de agrupamento e distribuição dos serviços hospitalares, considerando, sejam as exigências da ciência médica, sejam os resultados aos quais chegou a técnica das construções. Do cuidadoso, profundo estudo que efetuou em colaboração com os médicos, Levi expôs os resultados num opúsculo publicado, em 1948, pelo Museu de Arte de São Paulo. A "Maternidade" é um organismo articulado, extremamente interessante, tendo a possibilidade de ulteriores aumentos. Como no edifício da "Prudência e Capitalização", de três anos depois, os vários corpos da "Maternidade" estão apoiados sobre pilotis. A regular textura geométrica das aberturas retangulares escande o volume rigoroso de cada bloco. É talvez a obra com a qual Rino Levi mais decididamente se coloca no mesmo plano dos contemporâneos colegas brasileiros, recebendo suas experiências recentes, mesmo dentro de um rigor clássico de relações volumétricas.

Escritor lúcido e sereno, Levi defrontou com sua pena também muitos problemas que agitam a difícil vida do artista moderno.

Em "Situação da arte e do artista no mundo moderno, de modo particular em relação à arquitetura"[13], ele desenvolveu os mesmos temas que tinham preocupado Warchavchik. Delineando a situação em que a arquitetura moderna veio a se encontrar no Brasil, em sua fase inicial, Levi expressou a mesma fé nas infinitas possibilidades desta, com uma ponta de amargura pelas dificuldades a serem superadas e pela insuficiente compreensão do público, mas já sem o mordente da polêmica, pois que a classe dos arquitetos, livre agora de preconceitos antiquados de estilo, tendo se assenhoreado de uma nova técnica, com novos materiais à disposição, alinha-se aos melhores arquitetos dos outros países.

13. Artigo publicado em *Colégio*. São Paulo, 1948, nº 4.

144

Fig. 87 — Interior do Teatro Cultura Artística. (Foto Sjoerd de Boer).

Fig. 88 — Maquete dos edifícios da Maternidade Universitária — Rino Levi e Cerqueira César, 1946.

A influência de Marcello Piacentini em São Paulo

G. Warchavchik e R. Levi freqüentaram as aulas de Giovannoni e de Piacentini. Delas tiraram, com certeza, o profundo conhecimento histórico, a capacidade de organização, a habilidade técnica; aprenderam, em outras palavras, o ofício; mas souberam ambos se subtrair de uma direta influência formal dos mestres, cada um deles elaborando sua própria linguagem figurativa.

Mas existe em São Paulo, especialmente no centro dos bancos e dos negócios e nas mais recentes avenidas dos bairros-jardins, um denso grupo de construções, devidas a vários autores, que repetem aquele neo-romanismo e aquele medievalismo simplificado, em proporções monumentais, que foi um dos aspectos dos mais vistosos, e portanto mais prontamente assimilados, da arquitetura da escola piacentiniana.

O prédio que Piacentini projetou para o Conde Matarazzo foi construído entre 1938 e 1939[14]; mas a influência do fascismo já tinha se feito sentir há tempo em São Paulo, no campo moral e político, e tinha se espalhado para o campo específico da arquitetura, por intermédio do conhecimento das "obras do Regime". As autoridades fascistas e a classe dirigente de São Paulo, de mentalidade equivalente, já tinham desenvolvido nos precedentes anos uma ativa obra de propaganda entre os compatrícios de São Paulo; e a imprensa, com a difusão das revistas italianas ou por intermédio das páginas de diários do tipo do *Fanfulla*, tinha reforçado os mesmos conceitos. Mais tarde acrescentou-se também o projeto, não realizado, para a Cidade Universitária do Rio de Janeiro, obra de Piacentini e Morpurgo, que foi amplamente divulgado pela imprensa e sustentado sem restrições por vários ministros brasileiros[15].

Não é, pois, por acaso, que o Conde Matarazzo pediu ao arquiteto oficial do fascismo que projetasse para ele o edifício para as "Indústrias Reunidas" e para restaurar-lhe o velho pala-

---

14. Durante a construção, confiada à firma "Severo & Villares", o projeto de Piacentini sofreu leves modificações.

15. Foi reproduzido pela revista *Architettura* de Roma. Em 1937 V. Morpurgo esteve em São Paulo para estudar um edifício da futura Cidade Universitária, que o Conde Matarazzo pretendia dedicar ao Presidente G. Vargas. Mas, pelo que nos consta, o projeto não foi levado adiante.

cete da Avenida Paulista, no qual Bianchi já tinha feito umas reformas.

O edifício da Praça Patriarca (ver Fig. 89), o maior do mundo, a ser construído em travertino romano, de grandes proporções compactas e de planta quadrangular, com a ampla cornija que separa os dois últimos andares, parece evocar novamente as casas-torres das cidades medievais. As linhas sóbrias, os altos pilares aderentes às paredes, o material refinado, fizeram sucesso. São, de fato, de estilo piacentiniano, muitos luxuosos palacetes da Avenida Brasil e ruas adjacentes; a escola primária "S. Paulo" na Rua da Consolação; o edifício do "Moinho Santista", há pouco tempo restaurado; o prédio do IPASE (Fig. 90), na Rua Xavier de Toledo, da Construtora Izzo; um banco de Kristoffel e Caiuby, na Rua XV de Novembro, a "Metalúrgica Matarazzo", e muitíssimos outros[16].

É interessante aqui notar que, ao passo que o edifício Matarazzo está, no fundo, isento daquele excesso de enfática monumentalidade, razão por que, hoje em dia, a arquitetura piacentiniana é sinônimo de retórica oca, a maior parte das construções acima citadas imitaram exatamente aqueles elementos exteriores desta arquitetura, por causa dos quais a mais partidária crítica moderna a condena.

Uma menção a parte, enquanto o eco das construções oficiais da Itália fascista aí se repercute um tanto na surdina, merecem a embocadura da "Galeria 9 de Julho", a "Biblioteca Municipal" (Fig. 91), o "Estádio Municipal" do Pacaembu, muitas casas de "Salfati e Buchignani", de Francisco Matarazzo e de Pilon, que não iremos citar separadamente. Nem podemos deixar passar despercebida a agradável Igreja da Paz, no Brás, com os edifícios anexos, que aos domingos reúne, para a missa, os compatrícios devotos[17] (Fig. 92). Obra devida à colaboração do arquiteto Leopoldo Pettini[18], do pintor Fulvio Pennacchi, do escultor Emendabili e da firma "Salfati e Buchignani", executada em tijolos à mostra com cinco altas arcadas perfiladas de branco na fachada, e três naves no interior, a igreja foi ideada em estilo românico simplificado e modernizado, não destituído de um seu encanto sentimental, do qual existem numerosos exemplos na arquitetura "oficial" italiana daqueles anos,

16. Na Avenida Brasil, veja-se os nos 1122, 1193, 1575, 1578 e 2244. Na Rua Cardoso de Almeida, o no 1182.

17. Foi construída somente uma parte dos edifícios previstos no projeto. Veja-se a fig. 92.

18. Transferiu-se para o Rio Grande do Sul.

147

Fig. 89 — Edifício Matarazzo, atual sede do BANESPA — M. Piacentini, 1938-39. (Foto Luiz A. Passaglia).

Fig. 90 — Prédio do IPASE, atualmente do INPS, na Rua Xavier de Toledo. (Foto Luiz A. Passaglia).

Fig. 91 — Biblioteca Municipal Mário de Andrade — 1980. (Foto Luiz A. Passaglia).

Fig. 92 — Maquete do projeto da Igreja de Santa Maria da Paz, no bairro do Brás, executado somente de maneira parcial — L. Pettini, F. Pennacchi, G. Emendabili e Salfati e Buchignani, 1939.

especialmente nos novos centros rurais, tais como Aprilia, Pontinia, Littoria.

Daniele Calabi

Da geração de arquitetos italianos, ativa nos dias de hoje, trabalharam em São Paulo, com uma certa significação, Daniele Calabi, Lina Bò Bardi e Giancarlo Palanti.

Daniele Calabi se formou na Universidade de Pádua, em engenharia civil, no ano de 1923; obteve em seguida a habilitação ao exercício da profissão de arquiteto na Universidade de Milão. Antes de deixar a Itália, tinha trabalhado prevalentemente no *Veneto*: em Veneza, onde, em 1936, projetou e construiu a "Colônia Marina", no Lido, na qual encontramos séries de abóbadas delicadas, de cimento armado, que foram posteriormente repetidas por arquitetos de São Paulo e do Rio de Janeiro; em Asiago, onde, em 1937, construiu o "Observatório Astrofísico" da Universidade de Pádua; na própria cidade de Pádua, onde fez a Clínica Neurocirúrgica e o Instituto de Física da Universidade.

Entre as obras que construiu em São Paulo, entre 1939 e 1948, a mais significativa é sem dúvida a "casa para recepções", que anexou ao palacete erigido por Micheli e Chiappori para o senhor Luigi Medici. Nela, Calabi desenvolveu, pela primeira vez, o que será um motivo posteriormente retomado e desenvolvido: o pátio interno, rodeado por delicados pilares, dispostos a intervalos sutilmente calculados, que nada mais é, senão, o átrio das casas de Roma antiga, traduzido em linguagem moderna e interpretado com o espírito essencial e a paixão geométrica que encontramos nos pequenos pórticos de fundo das pinturas florentinas do século XV: de Domenico Veneziano, por exemplo, ou de Masolino.

Do estudo da arquitetura do século XV, de resto, Calabi extraiu aquele seu gosto pelas escansões modulares, pelas exatas relações dimensionais, pelas partições em seção áurea, que se encontram em todas as suas obras, apesar de o olho profano, por vezes, não se aperceber disso, e caracterizam suas fachadas, sempre intencionalmente destituídas de ostentação.

Tendo-se formado no *Veneto*, onde as inflamadas polêmicas da paixão moderna chegavam mais brandas, longe, também, por sua natureza íntima, de programas, escolas e agrupamentos, Daniele Calabi ressuscitou em sua próprias linguagens coerentes algumas daquelas leis que tinham dado vida e coerência espiritual às obras de sumos mestres.

Em volta de um pátio estão também dispostos os quartos e as salas da casa do arquiteto, que uma parede de tilojos refratários, atravessada por uma longa série de quebra-luzes de mármore branco, cerra do lado da Rua Traipu, ao passo que se abre sobre a magnífica paisagem do lado do vale (veja-se a Fig. 93).

A fusão entre paisagem e ambiente é também realizada na mansão do Professor Ascarelli (Fig. 94) e em algumas casas, de menor significação, da Rua Bragança e da Rua Itaguaçu.

No biênio 1947-1948, em colaboração com G. Palanti, que cuidou de sua execução, projetou um orfanato para a Liga das Senhoras Católicas[19].

Em 1948, Calabi voltou para a Itália.

Na Itália, durante o período de sua ausência, tinha-se construído muito menos do que no Brasil, onde o ritmo muito veloz das construções novas permitiu aos arquitetos uma ampla experiência na ideação de habitações, aptas a resolver os vários problemas da vida moderna. Além do mais, a convivência, por dez anos, com os arquitetos brasileiros, tinha enriquecido a personalidade de Calabi.

De volta à Itália, Calabi construiu uma casa para moradia em Milão; e na época em que esse estudo foi escrito e publicado (1953), trabalhou no projeto e na construção das novas clínicas universitárias de Pádua.

A experiência brasileira e a convivência com os arquitetos de São Paulo ajudaram Calabi (como aliás vários outros arquitetos italianos) a se libertar, em certos aspectos, da bagagem que a cultura e a tradição italiana impunham: a encontrar, com maior liberdade e maior aderência à vida, seus próprios meios de expressão.

Esse estudo se refere essencialmente às obras brasileiras que refletem uma influência de arquitetos e de ambientes italianos; mas é sumamente interessante notar também o surgir, na Itália, de obras que exprimem uma influência do ambiente e das experiências do Brasil: os projetos que Calabi estudou quando de sua volta à Itália são um exemplo disso.

19. Ver p. 158.

152

Fig. 93 — Duas casas na Rua Traipu; à direita, a residência do arquiteto D. Calabi, 1947-48.

Fig. 94 — Residência do Professor T. Ascarelli, pátio — D. Calabi, 1947-48.

Fig. 95 — Residência do Professor P. M. Bardi no Morumbi — Lina Bò Bardi, 1952.

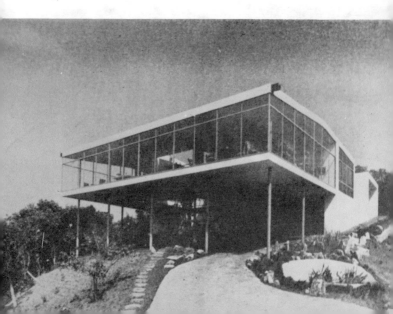

Lina Bò Bardi

Uma das provas da vitalidade do moderno movimento arquitetônico italiano, nos anos compreendidos entre as duas guerras mundiais, pode ser constituída pelo fato de que muito poucos entre os jovens que estudaram em Roma, naquele período, foram influenciados de modo durável pela mentalidade dos mestres, dirigida mais para o passado do que para o futuro; e aderiram, ao contrário, às correntes mais vivas e fecundas da renovação italiana, que contou com figuras da estatura moral e artística de Giuseppe Terragni, Edoardo Persico, Giuseppe Pagano, Pietro Lingeri etc.

Como algumas décadas antes, Gregori Warchavchik e Rino Levi, também Lina Bò se formou em arquitetura em Roma, em 1940. Exerceu depois a profissão em Milão, dedicando-se à atividade editorial e à decoração. Co-dirigiu em 1943-1944 a revista *Domus*; fundou a coleção dos "Quaderni di Domus" (Os Cadernos de Domus); fundou em 1945, e dirigiu, com Bruno Zevi e Mario Pagano, a revista semanal de arquitetura *A*.

Veio para o Brasil em 1947. Em SãoPaulo, dirigiu a revista trimestral de arte *Habitat*. Aqui sua atividade se desenvolveu primeiramente no campo da decoração, no qual Warchavchik já tinha realizado muitas coisas. Já vimos como Warchavchik se achou obrigado a montar uma oficina própria, pois que em São Paulo não existia uma organização que pudesse fornecer fechaduras, acabamentos, móveis de linhas que se harmonizassem com suas casas.

Mas ele tinha sempre ficado no âmbito restrito da criação artística individual. Ora, o grande merecimento do "Estúdio de Arte Palma", fundado por Lina Bò Bardi em conjunto com Palanti, é de ter projetado cadeiras, poltronas, mesas, também em função das possibilidades de uma produção em série, seguindo nisso o exemplo ilustre de Alvar Aalto. Os dois arquitetos escolheram para os "compensados" as belas madeiras duras que o Brasil oferece com grande variedade de veias e de tons; elaboraram métodos simples e maquinaria comum e criaram numerosos modelos de cadeiras desmontáveis e possíveis de serem fechadas, com partes de tecido ou lona ou couro; poltronas de três pernas, também móveis de metal tubular. Tiveram um tão grande sucesso, que estão sendo, hoje, muito imitados por fábricas locais.

Para o Museu de Arte de São Paulo, além dos móveis, Lina Bò projetou a instalação completa e a decoração. E criou,

Fig. 96 — Maquete do Edifício não executado — Lina Bò Bardi, 1951. (Foto fornecida pela arquiteta).

sem dúvida, a mais bela sala moderna de exposição que o Brasil possui, cobrindo-a com um teto de lajotas de vidro, e cuidando da uniforme difusão da luz artificial. Anexadas ao Museu, se acham salas para o ensino e duas salas para conferências e projeções.

Por volta de 1953, Lina Bò iniciou a construção de duas casas de moradia, uma no Pacaembu e uma no Morumbi, que se tornou um dos mais modernos e elegantes bairros-jardins de São Paulo. A segunda, terminada na época em que o presente estudo foi publicado, eleva-se sobre delgados pilotis, com paredes inteiramente de vidro. Resulta, ao térreo, uma área parcialmente coberta, destinada ao jardim. A ampla área de estar, tendo cerca de 200 metros quadrados de superfície, é separada dos quartos e da área de serviço; entre a área social e a destinada à criadagem, há um pequeno pátio florido (Fig. 95).

Lina Bò projetou, além do mais, um centro operário e uma casa coletiva, de caráter popular, formada por 1.500 pequenas células-apartamento. Anexamos uma foto da maquete do edifício, estudado para as Emissoras Associadas e que se apóia sobre pilares[20]. Aberturas, vitrais, terraços, limites dos planos, elementos estruturais, tudo se encontra organizado, no edifício, dentro de uma malha regular de partições, afastadas de qualquer tipo de maneirismo e de qualquer efeito plástico particular.

Com uma ousadia de construção semelhante àquela da casa do Morumbi, Lina Bò estudou também um Museu de Arte, para a cidadezinha de São Vicente.

O problema da elevação dos ambientes à altura de um primeiro andar tem aqui a finalidade de deixar livre a vista do mar para quem se encontra ao nível da rua; e isto foi resolvido, mediante cinco pórticos de cimento armado, com suportes distantes vinte metros um do outro. O bloco do edifício está fechado em três de seus lados. Para o mar, onde bate o sol, a parede, com 90 metros de comprimento, é toda de vidro. O projeto, bastante interessante, prevê uma pinacoteca, uma área descoberta para exposições de escultura, salas para o ensino e um auditório de 300 lugares.

20. Veja-se Fig. 96.

Giancarlo Palanti

Pode-se dizer que Giancarlo Palanti trouxe para São Paulo o eco dos últimos acontecimentos da contemporânea arquitetura italiana, de maneira mais completa do que o foi feito por Calabi, que emigrou antes da Itália e não pôde assistir aos debates, às pesquisas, às realizações que se verificaram de 1940 em diante; e também mais do que o fez Lina Bò, que, nascida depois, começou a produzir mais tarde.

Palanti fez parte, inicialmente, daquele grupo de "neo-classicistas novecentistas", milaneses, do qual participaram também Portaluppi, Muzio e Gio. Ponti. Com os melhores arquitetos de Milão e de Bérgamo, entre os quais citamos Bottoni, Peressuti e Rogers, aderiu ao movimento racionalista; àquele movimento italiano, isto é, que procurava um novo estilo arquitetônico para dar à humanidade e que contava com a atividade propagandística de Alberto Sartoris, os estudos históricos de A. D. Pica e a direção ideal de Giuseppe Terragni. Como muitos arquitetos de seu grupo, Palanti expôs e sustentou seus princípios por meio de vários escritos, sejam de caráter técnico e científico, sejam dirigidos a preparar os comitentes a escolher suas moradias e para a avaliação das necessidades às quais deve suprir sua morada[21].

Na Itália, participou de muitas exposições e de várias trienais. Em Milão, juntamente a S. Albini, projetou os bairros populares Filzi, D'Annunzio, Ponti e Baracca e estudou o arranjo urbanístico da cidade.

Transferiu-se para São Paulo em 1947, dedicando-se, primeiramente, à decoração, no "Estúdio de Arte Palma", que fundou com Lina Bò, como já dissemos. Já na Itália, de resto, tinha se interessado pelos problemas da decoração de interiores.

No biênio 1947-1949, projetou e executou um edifício para lojas e escritórios, na Rua Florêncio de Abreu: um nítido paralelepípedo, no qual as faixas horizontais das janelas contínuas e da alvenaria são atravessadas por delicados listéis verticais. As superfícies, nas quais os espaços cheios e os vazios se equilibram, não alteram o valor do volume. Um gosto refinado superintendeu à escolha das cores, em delicadas tonalidades: verde cinzento, cinza-chumbo, branco, amarelinho (Fig. 97).

A mesma equilibrada disposição de todos os elementos e a equivalência entre abertura e muro cheio estão nos edifícios

---

21. Veja-se a Bibliografina no Apêndice.

Fig. 97 — Edifício na Rua Florêncio de Abreu — G. Palanti, 1947-49. (Foto Luiz A. Passaglia).

do Orfanato da Liga das Senhoras Católicas, projetado por Calabi e Palanti em 1948 e em fase de construção em 1953 A planta, inscrita dentro de um retângulo regular, responde às mesmas exigências de ritmo e de equilíbrio que se encontram nas outras obras dos dois arquitetos[22].

Em 1952 Palanti elaborou, juntamente com o arquiteto Mathias, duas diferentes, interessantes soluções para o Paço Municipal a ser construído, a ser projetado na Praça das Bandeiras, com a entrada principal pelo Viaduto Jacareí. A ambos os estudos foram conferidas duas das cinco menções de honra atribuídas.

No primeiro projeto, os edifícios são colocados sobre dois eixos paralelos. Um bloco menor abriga a sede da Câmara e da Prefeitura; o maior está destinado às secretarias. A textura regular das aberturas, interrompidas por um plano mais elevado, inteiramente aberto por meio de vitrais, sobre sacadas e destinado às recepções, é sentida com um senso plástico, mais forte do que no edifício da Rua Florêncio de Abreu. O eixo que, partindo da entrada principal, atravessa os dois blocos, corresponde, na planta, à partição segundo a seção áurea dos retângulos em que os próprios edifícios são subdivididos. Três auditórios (um dos quais com três mil lugares) são ligados entre si mediante galerias para exposições de arte. O auditório maior tem a cobertura em forma de arco parabólico em elementos de cimento pré-moldado, sustentado por tirantes e estruturas gigantescos, que, modernizados, têm a função, ao mesmo tempo, construtiva e plástica, dos contrafortes góticos.

O mais interessante do segundo projeto, também do ponto de vista urbanístico, este primeiro projeto, observado pelo Viaduto do Chá, representaria um bastidor da paisagem paulista.

---

22. O projeto original, assim como resulta da foto por nós reproduzida, teve que ser diminuído de 50 metros. A disposição das várias construções foi, por conseguinte, modificada. Sem entrar em detalhes, é suficiente indicar que o edifício central, destinado à moradia de freiras e enfermeiras, deslocado, incorpora-se agora com a construção de três andares que abrigam os dormitórios e o refeitório das crianças. A rampa de acesso, visível na fotografia da maquete, à extrema direita, foi colocada ao centro do pátio e se desenvolve em disposição diferente. A capela, em fase de construção em 1954, mostra uma série de pequenas paredes, aparentemente destacadas, dispostas em forma de abrigo, e ligadas por finas vidraças. Estas vidraças, e outras, colocadas no teto, com semelhante estratagema, introduzem uma luz difundida na nave, sem que se perceba sua fonte (Fig. 98).

160

No segundo projeto, os dois edifícios estão dispostos em ângulo reto; e o auditório médio tem a forma de uma barrica, com relevos na abóbada de concreto.

Nos dois projetos foi contemporaneamente estudado o acesso para os edifícios, por meio de uma série complexa de ruas, que não se cruzam em ponto algum.

De 1952, é também o pequeno edifício de moradia da Rua Barão de Tatuí[23].

Desde o começo de 1952, Palanti dirigiu o escritório de projetos da firma de construções Alfredo Mathias.

Fig. 98 — Maquete do projeto original para o Orfanato da Liga das Senhoras Católicas (estava sendo construído na época em que o presente estudo estava sendo escrito, ou seja, em 1952-53).

23. N? 351.

CONCLUSÃO

O avançado neoclassicismo importado para São Paulo, por Bezzi, por Pucci e pelos pequenos mestres-de-obras do fim do século passado, e imposto pela força que é representada pelo número, desviou talvez a arquitetura local de uma conseqüente linha de desenvolvimento, que tinha seu ponto de partida no barroco dos colonizadores portugueses.

Como as imigrações em massa produziram no campo lingüístico aquelas inovações e aquelas derivações pelas quais a língua brasileira falada em São Paulo se diferencia, não somente no vocabulário e na pronúncia, mas na própria estrutura da língua de outras regiões do Brasil; de maneira análoga tanta atividade de construção, por origem e por caráter estrangeira, impediu, talvez, o surgir de uma arquitetura, que, requerida por exigências locais de clima, hábitos, organização social e precedente operosidade artística, teria podido elaborar uma linguagem própria, criar uma poética própria.

Fig. 99 — Rua São Bento no início do século XX. (Reprodução: *S. Paulo*, Menotti Levi, Editor).

Fig. 100 — Rua Direita no início do século XX. (Reprodução: *S. Paulo*, Menotti Levi, Editor).

É natural formular esta hipótese, na verdade um tanto pessimista, quando se refletir que a obra dos construtores italianos, em fins do século XIX e do início do século XX, deve ser julgada antes como um fenômeno histórico e social, que como um acontecimento de grande significação artística. Mas a questão apresenta também um aspecto positivo, que é obrigatório expor. Do ponto de vista construtivo, arquitetos e mestres-de-obras italianos introduziram e ensinaram aos paulistas uma técnica das construções, bastante experimentada, famosa há séculos no mundo inteiro: gostaríamos de dizer, desde os tempos dos "mestres *comacini*".

Ação semelhante exercitaram Micheli, Chiappori e Bianchi, os quais introduziram, sim, em São Paulo, as novas formas do estilo floreal, destinadas a ter uma curta duração; mas acima de tudo revelaram as técnicas ousadas às quais, entre 1910 e 1920, tinham-se chegado na Europa com a nova técnica do ferro e do cimento, preparando o terreno propício para o despontar da arquitetura moderna. A arquitetura paulista se encontrou assim queimando as etapas, graças ao concurso italiano; a ter executado, em um período de cinqüenta anos, uma evolução que, por um caminho natural e espontâneo, teria precisado de mais tempo. Graças a esta evolução, a grande vila de meados do século passado se transformou naquilo que ainda hoje é o tablado da grande metrópole paulista. E não é por mera coincidência que as primeiras experiências de uma nova estética arquitetônica foram executadas exatamente em São Paulo, o centro brasileiro mais permeado de cultura e de pensamentos italianos. E também não é por acaso fortuito que quem, improvisadamente, inseriu o Brasil no movimento arquitetônico moderno, tinha por longo tempo estudado na Itália.

Hoje a influência italiana, entendida como fenômeno de amplas proporções, não mais é perceptível em São Paulo. Os artistas individuais que aí trabalham poderão trazer aos paulistas o resultado de suas pesquisas pessoais e elevar edifícios, segundo uma linguagem própria, mas dificilmente sua obra terá a ampla extensão e a profunda influência que teve, em São Paulo, a arquitetura italiana do fim do século XIX e das primeiras décadas do século XX.

Hoje a arquitetura brasileira alcançou sua maturidade. E deve isso, em parte, às atuais energias que despertaram com o aparecimento da mensagem racionalista, mas também ao aprofundar-se da lição italiana e à valorização exatamente daqueles elementos formais que tínhamos admirado nos exem-

Fig. 101 — Edifício localizado na esquina da Rua Líbero Badaró com a Rua São João. (Foto Luiz A. Passaglia).

plos de arquitetura local, precedente às grandes imigrações: o sentido da cor e o gosto pelas superfícies planas.

Os maiores arquitetos brasileiros de hoje criaram obras de grande valor e estão aptas a defrontar aqueles temas que a evolução natural no campo social poderá lhes impor na cidade industrial melhor aparelhada de todo o Brasil.

Atualmente, estão se defrontando com um problema dos mais árduos e urgentes: a organização urbanística de São Paulo. Mas seu preparo e seu entusiasmo nos dão a esperança de que eles estarão à altura de sua não fácil tarefa.

DOCUMENTAÇÃO E BIBLIOGRAFIA

APÊNDICE AO CAPÍTULO 2

TOMMASO GAUDENZIO BEZZI E LUIGI PUCCI

Além dos documentos e das fontes citadas no texto, veja-se para Bezzi e Pucci:

"Anais da Biblioteca do Rio de Janeiro, 1939". Índice dos documentos relativos à Casa Imperial, já existentes no Castelo d'Eu e cedidos pela França.

Pág. 310 – 28 de setembro de 1884 – Maço C x CI – nº 8679.

O Cavalheiro Bezzi a D. Pedro II:

"Mensagem agradecendo a aprovação da planta do Monumento do Ipiranga em São Paulo".

A carta à qual se refere essa notícia é atualmente conservada no Museu de Petrópolis, cujo diretor era, na época em que o presente estudo foi publicado em 1ª edição (1953), o Dr. Alcindo Sodré.

No "Arquivo Histórico" encontramos o nome de Pucci, citado nos seguintes anos:

169

Fig. 102 — Edifício à Rua São João, 530. (Foto Luiz A. Passaglia).

1891 – (E. 2.98) – Pedido para a permissão de construção de uma casa na Rua Florêncio de Abreu, 21.

1893 – (E. 2.43, fl. 52 – E. 2.45, fl. 34) – Pequenos trabalhos de pouca importância.

A partir de 1894, o nome de Pucci aparece junto ao nome de Giulio Micheli. A firma "Pucci e Micheli" aparece citada nos seguintes anos:

1894 – (E. 3.50) – Pedido para a permissão para reconstruir a fachada do Grande Hotel, à Rua Líbero Badaró, 20.

1894 – (E. 3.65) – Trabalhos para o Coronel Rodovalho no bairro da Penha. Arranjo de ruas e passarela.

1894 – (E. 3.58, fl. 135) – Trabalhos na Rua Vitorino Carmilo, esquina com a Rua Ribeiro da Silva.

1895 – (E. 3.63) – Trabalhos de pouca importância na Rua Bei de Oliveira, de esquina com a Rua Santa Rosa.

1895 – (E. 3.63, fl. 39) – Trabalhos na Rua São Bento, esquina com a Rua Ipiranga.

1895 – (E. 3.63, fl. 53) – Trabalhos na Rua Boa Vista.

1895 – (E. 3.63, fl. 160) – Restauração de uma casa, na Rua Brigadeiro Tobias, 7.

1895 – (E. 3.60) – Pedido de permissão para construir duas casas para o Conselheiro Antônio Prado, na Alameda Antônio Prado.

1895 – (E. 3.62) – Pedido para a construção de uma casa da Rua do Carmo de esquina com a Travessa da Sé, para o senhor Proost Rodovalho.

1895 – (folhas esparsas) – Um projeto de passarela para ligar a Rua da Estação com a Chácara do Coronel Proost Rodovalho.

1895 – (folhas esparsas) – Projeto para uma rua que pusesse em comunicação a Estrada da Penha com a Rua da Bica.

1895 – (folhas esparsas) – Projeto de uma galeria para o centro da cidade.

1896 – (E. 5.113, fl. 52) – Adição de um andar na casa da Rua XV de Novembro, 40.

1896 – (E. 5.3) – Plantas de duas pequenas casas na Rua Dr. Pedro Vicente, 51.

Depois desse ano, tendo-se Pucci retirado do estúdio, Micheli continuou sozinho. Em 1906 entrou na firma o engenheiro Chiappori. Para os trabalhos executados no estúdio "Micheli e Chiappori", veja-se à página 106.

OS MESTRES-DE-OBRAS:

Nossas observações foram fundadas, além de no exame dos livros do arquivo, no exame das seguintes casas (além das já citadas no texto):

Centro da cidade:

Rua Florêncio de Abreu, 65 (sigla M.F.I. datada de 1892)
Rua Florêncio de Abreu, 111 (sigla M.F.I. datada de 1884)
Rua Florêncio de Abreu, 110 (sigla M.F.I. datada de 1887)
Rua Florêncio de Abreu, 191 e ss. (sigla M.F.I. datada de 1890)
Rua Florêncio de Abreu, 286 (sigla M.F.I. datada de 1899)
Rua Brigadeiro Tobias, 110

171

Rua Brigadeiro Tobias, 258 (sigla M.F.I. datada de 1822)
Rua Brigadeiro Tobias, 565
Rua Brigadeiro Tobias, 663 e ss.
Rua Brigadeiro Tobias, 728
Largo São Bento, 363 (antigo Hotel D'Oeste – datado de 1902)
Rua Direita na esquina do Largo do Café
Rua São Bento, esquina com a Rua Boa Vista (antigo Hotel Paulista)
Rua São Bento, 67
Rua São Bento, 81
Rua José Bonifácio, esquina com a Rua Quintino Bocaiúva
Rua Líbero Badaró, 426
Rua Barão de Itapetininga, 46 (1908)
Rua 7 de Abril, 151 (antiga Biblioteca Cívica)
Praça da República, 469
Rua Conselheiro Crispiniano, 385 e ss.
Rua Dom José de Barros, 25 e ss. (1895)
Rua da Quitanda, 127
Avenida São João, 269 (Conservatório)
Alameda Glete, esquina com a Avenida São João
Rua da Liberdade, 350 e ss. (sigla B.C.F.A. datada de 1879)

Campos Elíseos:

Rua Barão de Limeira, 445 (1897)
Rua Barão de Limeira, 473
Rua Barão de Limeira, 479 (1898)
Rua Barão de Limeira, 585
Rua Barão de Limeira, 611
Rua Barão de Limeira, 627
Rua Barão de Limeira, 631
Rua Barão de Limeira, 661
Rua Barão de Limeira, 667
Alameda Nothmann, 683
Praça Princesa Isabel, esquina com a Alameda Barão do Rio Branco
Alameda Barão do Rio Branco, 756
Alameda Barão do Rio Branco, esquina com a Rua General Osório
Alameda Barão do Rio Branco, 39 e ss. (datada de 1898)
Rua Guaianazes, 1203 e 340 (1888)
Rua Amador Bueno, 68
Praça Olavo Bilac, 52 (1898)
Rua Helvétia, 288 (1896)
Rua Vitória, 617 e 619
Rua Aurora, 499
Rua Pirineus, 35-39

Vila Buarque e Higienópolis:

Praça Marechal Deodoro, 251
Rua das Palmeiras, 485
Rua General Jardim, 667 e ss. (1896)
Rua General Jardim, 619
Rua General Jardim, 508
Rua General Jardim, 430 (1898)
Rua Amaral Gurgel, várias casas, datadas entre 1898 e 1905
Rua Rego Freitas, esquina com a Rua Gal. Jardim (sigla: P; datada de 1899)

172

Rua Bento Freitas, 340 (reformada em parte)
Avenida Higienópolis, 355

Consolação:

Rua da Consolação, 592
Rua da Consolação, 49 (1915)
Rua da Consolação, 2178
Rua da Consolação, 336
Rua São Luiz, 72
Rua São Luiz, 210
Avenida Paulista, 1195
Avenida Paulista, esquina com a Alameda J. Eugênio de Lima
Rua Vergueiro, 1003 (1899)
Rua Vergueiro (Pensão Anchieta)

Brás e Mooca:

Rua Glicério, 434
Rua São Paulo, 71 (1907)
Avenida Rangel Pestana, 1895
Avenida Celso Garcia, 1862 (1895)
Avenida Celso Garcia, 3220
Avenida Celso Garcia, 3655[1]

Luz:

Rua da Estação, 181 e ss.
Muitas destas casas foram reformadas.

Além do mais, examinamos todas as fotografias conservadas pelo Dr. Duarte, entre as quais assinalamos as mais interessantes para nosso estudo:

E. 47 — Foto de cerca de 1912 — Rua Líbero Badaró, esquina com o Largo do Ouvidor.

E. — Foto de 1905 — Rua Florêncio de Abreu, esquina com a Rua Uraná. Sobrado já do Marquês de Itu.

E. 161 — Foto de 1888 — Largo São Bento, esquina com a Rua Boa Vista, com o edifício do Grande Hotel Paulista (ainda existente em 1953).

E. 169 — Foto entre 1894 e 1896 — Rua São Bento, esquina com a Rua Florêncio de Abreu.

E. 132 — Antigo edifício dos Correios (demolido em 1922) (Largo do Tesouro, perto da esquina com a Rua XV de Novembro).

E. 495 — Foto de cerca de 1895 — Praça Princesa Isabel.

E. 265 — Foto de cerca de 1910 — Praça da Sé.

E. 143 — Foto de cerca de 1906 — Rua João Brícola.

Nem desejamos nos esquecer da restauração, por pobre que seja, da fachada da Igreja de Santo Antônio, na Praça do Patriarca, que data de

1. Foram demolidas, em 1953, mais ou menos as seguintes casas, ainda existentes na época em que as autoras recolhiam suas anotações: Rua São Luiz, 210; Avenida Paulista, 1195; Avenida São João, esquina com a Alameda Glete e Rua 24 de Maio, 50.

1899, e que se enquadra neste grupo de obras. Mas não sabemos a quem se deva essa restauração.

APÊNDICE AO CAPÍTULO 4

GIULIO MICHELI

Obras (além das já nominadas no texto):

Rua XV de Novembro, 23 (casa de 3 andares)
Rua XV de Novembro, 144 (casa de 3 andares)
Rua Líbero Badaró, 89 (casa de 3 andares)
Avenida São João, esquina com o Largo Paissandu (4 andares)
Avenida São João, 518
Rua Barão de Itapetininga, 54-56 (antigo)
Rua Barão de Itapetininga, 53-64 (antigo)
Avenida Paulista, palacete do Cav. Médici
Avenida Paulista, palacete de Giulio Micheli
"Fábrica da Companhia Brasileira de Linhas para Coser", no bairro do Ipiranga.

Rua Barão de Paranapiacaba, escritórios da Companhia Wilson e, no Brás, os escritórios da S.A. Alpargatas.

Foram demolidas as seguintes:

Rua Líbero Badaró, 2-14 (perto do Largo São Bento): edifício de propriedade do Cav. L. Médici.

Rua Boa Vista, esquina com a Ladeira Porto Geral, edifício para o jornal "O Estado de S. Paulo".

Ibid.: Teatro Boa Vista.

Rua 25 de Março, edifício para as oficinas de "O Estado".

Estavam sendo demolidas em 1953:

Rua XV de Novembro, ao lado do Banco Francês e Italiano, um edifício de 5 andares, de propriedade do Sr. Vaz Cerquinho.

Rua 13 de Maio, 1315, mansão do Cav. Rossi (terminada por Chiappori).

GIUSEPPE CHIAPPORI

Obras:

Edifícios para moradia ou escritórios:

Rua do Carmo, 17 (antigo)
Rua Ipiranga, esquina com a Rua Santa Ifigênia (4 andares)
Rua Ipiranga, 19 (4 andares)
Parque D. Pedro II, Prédio Jorge Saad (4 andares)
Parque D. Pedro II, esquina com a Rua Itobi (5 andares)
Rua da Glória, Prédio Dr. Galvão Bueno (4 andares)
Rua Cesário Mota, 359 (6 andares)
Rua General Jardim, esquina com a Rua Cesário Mota (6 andares)
Largo Paissandu, esquina com a Avenida São João, 508-18 (5 andares)
Avenida São João, esquina com a Rua Aurora (3 andares)
Rua Anhangabaú, 115 (antigo) (3 andares)
Rua 11 de Agosto (ex-Praça da Sé, 59) (4 andares)
Rua Fred. Abranches, esquina com Rua Dona Veridiana (6 andares)
Avenida Brigadeiro Luís Antônio, esquina com a Rua Rui Barbosa.

Mansões e palacetes:

Rua Bahia, 226, 254 e 272
Rua Tomás Carvalhal, 15-17 (antigo)
Rua Martiniano de Carvalho, 960
Rua Tupinambás, 10
Alameda Santos, 135 (antigo)
Alameda Eduardo Prado, palacete do Dr. Bacellar
Rua Pernambuco, 18 (antigo)
Rua Hipódromo, 246 (antigo)
Alameda Lorena, 44 (antigo)
Alameda Franca, 921 e 935
Rua Oliveira Peixoto, 24 (antigo)

Construções industriais:

Fábrica Ramenzoni, na Rua da Glória
Laboratório Paulista de Biologia, Rua São Luís, 151
Vidraria V. Giolito cc., Rua Visc. Paranaíba, 1481
Fábrica Motores D. Lemouche, Av. do Estado, Al. Lima
Tecelagem de seda Ítalo-Brasileira, Rua Joli.

Casas operárias:

Companhia Brasileira de Linhas para Coser, 20 casas operárias no bairro do Ipiranga.

Indústrias R. Francisco Matarazzo, 10 casas operárias.

Estação da Companhia Telefônica Brasileira, na Rua Bela Cintra Instituto Médio "Dante Alighieri", Alameda Jaú (projeto e ampliação)

Muitas outras obras foram executadas pelos mesmos, em várias localidades do interior, mas as omitimos, pois não se enquadram nos limites deste trabalho.

GIOVANNI BATTISTA BIANCHI (falecido em 1942)

Obras:

Nos Arquivos da "Diretoria das Obras Públicas", existem os seguintes projetos:

Escola Normal de Botucatu (executado)

Grupo Escolar Campos Sales, na Rua Conde de São Joaquim — São Paulo (executado)

Grupo Escolar do Bom Retiro, em São Paulo (não executado)

Grupo Escolar da Lapa, em São Paulo (executado)

Grupo Escolar de Dois Córregos (executado) e de Taubaté (executado)

Edifício para o Corpo de Bombeiros (executada somente a parte central)

Grupo Escolar de Guaratinguetá (executado)

Escola Normal de Piracicaba (não executado)

Menos o último, que é datado de 1913, todos os outros projetos foram elaborados em 1911.

Existem em São Paulo os seguintes edifícios:

Mansão Monte Murro (Rua Peixoto Gomide, 724) executada em colaboração com o engenheiro Pozzo, entre 1912 e 1914.

175

Hospital Humberto I

Mansão Gallian (na Avenida Paulista), datada de 1920.

Casa construída para o Conde Adriano Crespi (na Avenida Paulista), datada de 1925.

Casa de Dona Marina Crespi (Avenida Paulista, 1842), datada de 1923.

Casa de Dona Renata Crespi-Prado (Avenida Paulista, esquina com a Al. J. Eugênio de Lima), datada de 1924.

Edifício Crespi (Rua São Bento, 290), datado de 1924.

Casa para o Conde Attilio Matarazzo (Avenida Paulista), datada de 1924.

Trabalhos executados para o arranjo da fazenda Santa Cruz, dos condes Crespi, de 1934.

"Creche Marina Crespi" no bairro da Mooca, de 1935.

Casa para o Conde Adriano Crespi em Santo Amaro, de 1936.

Casa para o Conde Raoul Crespi em Santo Amaro, de 1936.

Casa própria, no Guarujá, de 1937.

Casa própria, em São Paulo (Rua dos Belgas, 67); ignoramos a data exata da execução.

Grupo de casas na Alameda Itu, de esquina com a Alameda Campinas, de 1937.

Casa de Dona Renata Crespi-Prado, no Guarujá, de 1938.

Casa Ibsen Ramenzoni, no Guarujá, de 1939.

Casa do Sr. Ciro Ramenzoni (Rua dos Franceses, 323), de 1939.

Casa do engenheiro La Villa, no bairro do Pacaembu (no cruzamento das três ruas: Angatuba, Itaetém e Itaperuna), de 1939.

A filha do engenheiro Bianchi, senhora Gabriella, conserva o projeto, não executado, que o engenheiro fez para o Orfanato Cristóvão Colombo, no Alto do Ipiranga, de 1939.

O projeto para um arranha-céu ao lado do Hotel Esplanada, de 1939 (não executado).

Alguns dos projetos das obras executadas.

APÊNDICE AO CAPÍTULO 5

GREGORI WARCHAVCHIK (Odessa 1896 – São Paulo 1972)

Obras:

No texto foram citadas somente aquelas obras de G. Warchavchik que atestam de modo manifesto sua formação italiana. Julgamos, porém, ser de utilidade dar aqui uma lista mais completa possível de sua atividade, com a data da execução de cada trabalho.

Projeto para um mausoléu (em estilo russo, não executado) – 1917.

Vários "estudos", em Roma, para moradias, para uma igreja rural, para um teatro – não executados – 1921.

Casa da Rua Santa Cruz, 325 (modificada em 1935) – 1927-1928.

Casa da Rua Melo Alves (posteriormente modificada) – 1928-1929.

Casa da Rua Tomé de Sousa, 115 – 1928-1929.

Casa da Rua Avanhandava, 38 (posteriormente modificada) – 1928--1929.

176

Casa da Rua Neto de Araújo – 1928-1929.

Casas populares na Rua Barão de Jaguara – 1928-1929.

Dois blocos de casas populares na Rua D. Berta e na Rua Afonso Celso – 1928-1929 (conservadas só parcialmente).

Casa da Rua Itápolis, 119 (levemente alterada) – 1929-1930.

Projeto para uma sinagoga israelita (não executada) – 1930.

Casa da Rua Bahia, 1126 – 1930.

Casa da Rua Estados Unidos, de esquina com a Rua José Clemente (foi modificado o telhado) – 1930.

Residência do maestro Souza Lima – 1930.

De 1930 a 1934, projetou e construiu várias obras no Rio de Janeiro, em parte com a colaboração de Lúcio Costa, com quem tinha formado uma sociedade que foi encerrada nos inícios de 1934.

Projeto para o Paço Municipal de São Paulo (em colaboração com Vilanova Artigas – não executado) – 1939. Recebe o 2º prêmio no concurso para a apresentação desse projeto.

Casa Klabin na Avenida Europa – 1939-1940.

Pequeno edifício de apartamentos, na Alameda Barão de Limeira, 1003 (Prêmio da Prefeitura, 1942-1943) – 1939-1940.

Casa para o Conde Raoul Crespi, no Guarujá – 1943.

Projeto para uma casa para o Sr. Maluf, no Guarujá (não executado). – 1943.

Estádio Municipal de Santos (em colaboração com J. Witaker) – 1943.

Projeto para 6.000 apartamentos na Avenida do Estado (não executado) – 1945. Esse projeto foi denominado "Cidadinha" e visava solucionar a crise de habitações populares.

Projeto do Edifício Tejereba, no Guarujá – 1946.

Projeto para a sede social do Clube Paulistano e do Edifício de apartamentos Roberto Simonsen – 1948. A sede do Clube Paulistano foi construída em 1948-1952.

Estudo e organização completa das instalações e edifícios da Fazenda Santa Maria da Calunga, em Mogi-Mirim – Estado de São Paulo – 1948.

Edifício na Rua São Bento – 1949.

Projeto para o Iate Clube do Guarujá e construção da casa na Praia da Enseada, do próprio arquiteto – 1949.

Projeto e construção das casas de Gian Nicola Matarazzo e de Ricardo Jafet, no Guarujá – 1950.

Casa para a Sra. M. da Silva Prado, no Guarujá – 1951.

Restauração da Capela do Morumbi, em São Paulo – 1951.

Projeto e construção do Edifício Cícero Prado, na Avenida Rio Branco – São Paulo – 1954.

Construção das sedes sociais do Clube Pinheiros e da Hebraica, em São Paulo – 1956.

Construção do Conjunto Nacional, na Avenida Paulista, projetado por David Libesking – 1956.

Projeto e construção do Clube Tietê – São Paulo – 1956.

Gregori Warchavchik ainda trabalhou, e estava trabalhando em muitos outros projetos, que aqui não foram citados, com a mesma energia e o mesmo entusiasmo do "Manifesto de 25", até seu falecimento em 1972.

177

Congressos e exposições:

1929 – É nomeado delegado do Congresso Internacional de Arquitetura Moderna (CIAM) para toda a América do Sul.

1930 – "Exposição de uma casa moderna" na Rua Itápolis, com jardins tropicais de sua esposa, Mina Warchavchik.

1930 – Apresenta teses ("Como julgar a Arquitetura moderna, Decadência ou Ressurgimento?") junto com Flávio de Carvalho, ("A cidade e o Homem Nu") no IV Congresso Pan-Americano de Arquitetura, realizado no Rio de Janeiro.

1933 – Primeira exposição da SPAM (Sociedade Pró-Arte Moderna), onde Warchavchik fazia parte do Conselho Consultivo, e sua esposa da Comissão Executiva.

1941 – Participa do I Salão da Feira Nacional de Indústrias, em São Paulo.

1942 – Participa da Exposição de Arquitetura Brasileira, organizada pelo Ministério das Relações Exteriores, na Royal Academy de Londres, exposição repetida depois em Copenhague.

1953 – Sala Especial sobre habitações coletivas, na II Bienal de São Paulo.

1963 – Sala Especial "Manifesto de 1925", na VII Bienal de São Paulo.

1971 – Exposição "Warchavchik e as origens da arquitetura moderna no Brasil", no Museu de Arte de São Paulo "Assis Chateaubriand".

Escritos:

"Acerca da Arquitetura Moderna" – Manifesto de 1º de novembro de 1925, publicano in *Correio da Manhã*, do Rio de Janeiro. Esse manifesto foi escrito originalmente em italiano e tendo sido publicado no jornal *Il Piccolo*, em junho de 1925, em São Paulo.

Correio Paulistano, 5 de agosto de 1928, 20 de janeiro de 1929.
Ilustração Brasileira, São Paulo, setembro de 1929.
Forma, Rio de Janeiro, outubro de 1930.
Acrópole, São Paulo, setembro de 1928.

De autoria de Warchavchik, é além do mais a introdução ao livro de R. Neutra, *Arquitetura social em países de clima quente*, São Paulo, Todan – 1948.

Dados bibliográficos:

Movimento Brasileiro, Rio de Janeiro, julho de 1930.
Bazar, São Paulo, 4 de novembro de 1931.
Cahiers d'art, Paris, 1931 – 2º.
Arte e Decoração, Rio de Janeiro, agosto de 1937.
Architectural Record, New York, janeiro de 1943 e outubro de 1944.
Progressive Architecture, New York, outubro de 1946.
Acrópole, São Paulo, fevereiro de 1940, fevereiro de 1953, abril de 1953, julho de 1947, outubro de 1947.
Chantiers, Bruxelas, 1944.
L'Architecture d'Aujourd'hui, Paris, junho de 1948.
Revista de Engenharia Mackenzie, São Paulo, mai.-jun. de 1951.
Habitat, São Paulo, jan.-mar. de 1951.
Architectural Forum. New York, novembro de 1947, pp. 58 e 96.

Sartoris, Alberto: *Gli elementi dell'Architettura Funzionale* (edição: Hoepli, Milão – 1935 – pranchas 121 a 126).

Catálogo da II Bienal de São Paulo, 1953.

Catálogo da exposição "Warchavchik e as origens da arquitetura moderna no Brasil", M.A.S.P., agosto de 1971.

Castro Andrade Jr., Manuel A. e Sugai, Maria Inês: *Gregori Warchavchik*, trabalho apresentado na Faculdade de Arquitetura e Urbanismo da USP, novembro de 1975.

A atividade de G. Warchavchik está amplamente documentada, também, em muitos cotidianos de São Paulo e do Rio de Janeiro, especialmente durante os anos de 1928 a 1934.

RINO LEVI (São Paulo 1901 – Morro do Chapéu, Bahia 1965)

Obras:

Fábrica de Pianos Brasil, na Avenida Conselheiro Rodrigues Alves, de esquina com a Rua Humberto I – 1929.

.Mercado coberto, em Jundiaí – 1930.

Edifício de apartamentos, na Rua da Glória, esquina com a Rua Conselheiro Furtado – 1933-1934.

Edifício de apartamentos "Sarti", na Praça da República, esquina com a Rua Vieira de Carvalho – 1934-1935.

Edifício de apartamentos na Rua Augusta – 1935.

Edifício de apartamentos "Wancolle", Rua do Arouche - 1935-1936

Cine "Art-Palácio", na Avenida São João (recentemente modificado) – 1936.

Projeto de um edifício de apartamentos, na Rua Marquês de Itu, esquina com a Rua Aureliano Coutinho (não executado) – 1936.

Edifício "Columbus", na Avenida Brig. Luís Antônio – 1935.

Casa de campo, em Santo Amaro – 1937.

Projeto para o Instituto Agronômico de Campinas (não executado) – 1937-1939.

Edifício de apartamentos "Guarani", na Avenida Rangel Pestana, esquina com o Parque Dom Pedro – 1937-1944.

Cinema "Universo", na Avenida Celso Garcia – 1939.

Edifício de apartamentos "Otavio Marcondes Ferraz", na Rua Santo Antônio, esquina com a Rua Major Quedinho – 1939-1942.

"Prédio Higienópolis", na Rua Conselheiro Brotero – 1940.

Cinema "Art-Palácio" e edifício para escritórios, no Recife – 1940.

Fábrica de Henrique Scheliga & Cia., na Rua Anhangüera – 1941-1942.

Fábrica "Laminação de Metais", na Rua Joaquim Carlos – 1941-1943.

Projeto para um edifício na Praça Marechal Deodoro (não executado) – 1942-1943.

Instituto de Filosofia, Ciências e Letras "Sedes Sapientiae", na Rua Marquês de Paranaguá – 1942.

Edifício para o Instituto de Aposentadorias e Pensões dos Industriários, Largo São Bento – 1943.

Edifício de apartamentos, na Avenida São João, esquina com a Rua Apa – 1943.

Teatro Cultura Artística – Projetado em 1942, executado entre 1943 e 1949, à Rua Nestor Pestana.

Sede do "Banco Sul-Americano do Brasil", à Rua Álvares Penteado – 1944.

Projeto para um edifício para a "Companhia Mecânica e Importadora de São Paulo" (não executado) – 1944.

Edifício de apartamentos, à Avenida Beira Mar, esquina com a Rua Santos, no Guarujá – 1944-1947.

Edifício de apartamentos "E.D.N.A." – à Rua Conceição esquina com Av. Washington Luiz – 1944-1947.

"Maternidade para a Universidade de São Paulo" (em colaboração com o arquiteto Cerqueira César) – 1946.

Agência do Banco Sul-Americano do Brasil – Ipiranga (em colaboração com o arquiteto Cerqueira César) – 1946.

Palacete à Rua Bélgica, 116 – 1946.

Edifício "Cofermat", na Rua Florêncio de Abreu – 1946.

Projeto para um edifício de apartamentos na Rua 13 de Maio – 1946-1947.

Edifício para escritórios, à Avenida Brig. Luís Antônio – 1947.

Edifício "Prudência e Capitalização", na Avenida Higienópolis – 1947.

Edifício Trussardi, na Avenida São João, esquina com a Praça Júlio Mesquita – 1947.

Cinema Ipiranga, à Avenida Ipiranga – 1942-1947.

Hotel Excelsior, na Avenida Ipiranga – 1947.

Sede da Caixa Beneficente Asilo Colônia Santo Ângelo, e cinema no Leprosário de Santo Ângelo – 1940-1944.

Projeto do Edifício "P. Baldassarri e Irmãos", na Rua Maria Paula (não construído) – 1941.

Cinema "Piratininga" e edifício anexo, na Avenida Rangel Pestana – 1941.

Fábrica na Avenida do Estado, em colaboração com o arquiteto Cerqueira César – 1947.

Agência do Banco Sul-Americano do Brasil, em Presidente Prudente – 1947.

Projeto para um edifício de apartamentos, na Alameda Barão de Limeira (não construído) – 1948.

Instituto e Hospital do Câncer, na Rua José Getúlio, em colaboração com o arquiteto Cerqueira César. Projeto de 1947-1949, executado em 1954.

Sede de Fazenda, em São José dos Campos – 1950.

Hospital da Cruzada Pró-Infância, em São Paulo, 1951.

Residência Milton Guper, São Paulo, 1951.

Residência Paulo Hess, São Paulo, 1953.

Laboratório Paulista de Biologia, São Paulo, 1956.

Residência do Senador Atílio Fontana, São Paulo, 1956.

Edifício da Ordem dos Advogados (em colaboração com os arquitetos Cerqueira César e Luiz Roberto Carvalho Franco) – 1956.

Residência de Castor Delgado Perez, São Paulo, 1958.

Hospital Albert Einstein, São Paulo, 1958.

Edifício R. Monteiro, São Paulo, 1959.

Hospitais para o Governo do Distrito Federal da Venezuela – 1959.

Banco Sul-Americano do Brasil S.A., São Paulo, 1961.
Edifício Plavinil-Elclor, na Alameda Santos, São Paulo, 1961.
Setor de Convivência da Universidade de São Paulo – 1961.
Usina de Leite Paraíba, São José dos Campos, 1963.
Centro Cívico de Santo André – 1965.

Além das obras acima citadas, Rino Levi executou muitas obras em São José dos Campos e, no período de 1953 em diante, foram executadas as seguintes:

Clínica, na Avenida Washington Luiz, esquina com a Rua Imorés (em colaboração com Cerqueira César).

Edifício para a sede do Banco Paulista do Comércio e escritórios, na Rua Boa Vista, esquina com a Ladeira Porto Geral.

Edifício de apartamentos, na Rua da Liberdade, de esquina com o Largo da Pólvora (em colaboração com o arquiteto Cerqueira César).

Edifício de apartamentos na Rua Avanhandava, esquina com a Rua Aracaú (em colaboração com o arquiteto Cerqueira César).

Rino Levi exerceu as seguintes atividades didáticas:

– Professor Catedrático contratado da Faculdade de Arquitetura e Urbanismo – Grandes Composições, de 1954 a 1959.

– Professor visitante e crítico de Ateliê da Faculdade de Arquitetura e Urbanismo da Universidade Central da Venezuela, em Caracas, no ano de 1959.

– Consultor do Centro Interamericano de La Vivenda – 1957.

Sociedades artísticas, culturais e profissionais a que pertenceu:

C.I.A.M. – membro desde 1945.

Presidente do I.A.B. – Departamento de São Paulo, de 1952 a 1954.

Membro Honorário da Sociedade Colombiana de Arquitetos – 1957.

Vice-Presidente do I.A.B. Nacional – de 1957 a 1959.

Membro Honorário da Sociedade Central de Arquitetura, Argentina, 1958.

Presidente do Instituto Brasileiro de Acústica, de 1958 a 1960.

Sócio Honorário da Sociedade de Arquitetos do México – 1960.

Honorary Fellow do American Institute of Architects – 1965.

Congressos:

Chefe da delegação brasileira ao VIII Congresso Pan-Americano de Arquitetos, Cidade do México, 1952.

Chefe da delegação de São Paulo ao III Congresso Nacional de Arquitetos em Belo Horizonte, em 1953.

4º Congresso da U.I.A., Haia (Holanda), em 1955, na qualidade de delegado do I.A.B.

IX Congresso Pan-Americano de Arquitetos de Caracas, em 1955 – convidado especial.

Representante do Brasil na reunião da Comissão de Saúde Pública da U.I.A., Moscou, 1960.

Representante do Brasil na reunião da Comissão de Saúde Pública da U.I.A., Israel, 1962.

XI Congresso Pan-Americano de Arquitetos em Washington (U.S.A.) – convidado especial – 1965.

Exposições:

3º Salão de Maio – São Paulo – 1939 – Apresentou maquete de edifício de apartamentos.

Brazil Builds – Museu de Arte Moderna – New York – 1943.

Exposição do 1º Congresso Brasileiro de Arquitetos – São Paulo – 1945.

Exposição de Arquitetura Ibero-Americana – Estocolmo – 1946.

VIII Trienal – Milão – 1947.

Galeria Maeght – Paris – 1947.

Exposição de Arquitetura Contemporânea – Biblioteca Municipal de São Paulo – 1948.

Exposição da Faculdade Nacional de Arquitetura, Universidade do Brasil – Rio de Janeiro, 1948.

Museu de Arte de São Paulo – 1948.

Bienal Hispano-Americana – Madri – 1951.

I Bienal de São Paulo – 1951 – Obteve o prêmio Walter Moreira Salles (com a colaboração dos arquitetos Pestalozzi e Roberto Cerqueira César).

Museu de Arte Moderna do Rio de Janeiro – 1952.

Exposição do VIII Congresso Pan-Americano de Arquitetura – Cidade do México – 1952.

Exposição do XI Congresso Pan-Americano de Arquitetura – Washington – 1965.

Participou dos seguintes concursos, nos quais obteve o 1º lugar:

– Maternidade Universitária – São Paulo, 1945.
– Edifício I.A.B. – São Paulo, 1947.
– Hospital Albert Einstein – São Paulo, 1958.
– Centro Cívico de Santo André – 1965.

Escritos:

Além de obras publicadas nas principais revistas especializadas do mundo (*Architectural Forum, Architectural Record, Progressive Architecture*, dos Estados Unidos; *Architecture d'Aujourd'hui*, da França; *Domus, Zodiac e Architettura*, da Itália; *Architectural Review e Architectural Design*, da Inglaterra; *Die Kunst*, da Alemanha; *Informes de la Construcción*, da Espanha, etc.), teve obras publicadas nos seguintes livros e revistas:

"A Arquitetura Moderna". "A Arquitetura e a Estética das Cidades", na revista *A Construção Moderna* – São Paulo, 1926, nº 2.

"O que há na arquitetura", *Revista anual do Terceiro Salão de Maio* – São Paulo, 1939.

Brazil Builds, New York, P. Goodwin, 1943.

"Mudam os Tempos", *Artes Plásticas* – São Paulo, 1948, nº 2.

"Situação da Arte e do artista no mundo", *Colégio*, São Paulo, 1948, nº 4.

Técnica Hospitalar e Arquitetura, publicado pelo Museu de Arte de São Paulo, 1948.

Handbuch für den Neuen Krankenhausbau, Munich, P. Vogler e G. Hassenpflug, 1951.

C.I.A.M., a Decade of Modern Architecture, Zurich, S. Giedion, 1951.

Commercial Buildings, New York, A. R. Book, 1953.
Der kranskenhausbau der Gegenwart, Stuttgart, H. Ritter, 1954.
Selezione Mondiale di Edilizia Ospedaliera, Turim, A. Cavallari, Mural, 1954.
Das Haus des Architekten, Zurich, R. Winkler, 1955.
Habitation – U.I.A. – 1945-1955.
Latin American Architecture since 1945, New York, H. R. Hirchcock, 1955.
Garten und Hauss, Stuttgart, J. H. Verlag, 1956.
Modern Architecture in Brazil, Amsterdam, H. E. Mindlin, 1956.
Tropical Architecture in the Humid Zone, Londres, M. Fry e J. Drew, 1956.
Cammini d'Oggi, Milano, R. Aloi, 1957.
Architetture per lo Spettacolo, Milão, R. Aloi, 1958.
Architecture of Today, Londres, U. Kultermann, 1958.
Industriebau, Alemanha, W. Henn, 1962.
Art in Latin American Architecture, New York, P. F. Damaz, 1962.
Treppen, Stuttgart, F. Schuster, 1964.

Dados bibliográficos:

Revista Politécnica, São Paulo, 1935, nº 119; 1936, nº 124; 1937, nº 123 e 124; 1939, nº 130; 1934, nº 142; 1943, nº 142.
The Architectural Review, Londres, 1949, nº 636 e 1950, nº 647.
Architectura y Construcción – extrato do *Inst. Tec. de la Construcción* – Calle Velasquez 47 – Madri.
Arquitetura e Engenharia, Belo Horizonte, 1950, III, nºs 12 e 13.
Architectural Record, New York, 1950, nºs 2 e 7.
Revista do Instituto Técnico de la Construcción y del Cimento – Madri, 1951, nº 28.
Kunst ins Volk, Viena, 1950, nºs 9 e 10.
Habitat, São Paulo, 1951, nºs 2 e 3.
Acrópole, São Paulo, maio de 1940; junho de 1940; agosto de 1943; outubro de 1946; maio de 1950.
Revista Municipal de Engenharia, Rio de Janeiro, 1942, nº 9; 1943, nº 84.
Design and Construction, Londres, 1945, nº 9.
Chantiers, Bruxelas, 1947, nº 4.
Revista de Engenharia Mackenzie, Rio de Janeiro, 1943, nº 84; 1951, nº 104.
Progressive Architecture, New York, 1946, nº 10 e dezembro de 1949.
Ibero Amerikanska Arkitektur Unstallningen, Estocolmo, 1946.
Architectural Form, novembro de 1947.
L'Architecture d'Aujourd'hui, Paris, 1947, nºs 13 e 14; 1948, nºs 18 e 19; 1949, nº 23; 1950, nº 27; 1951, nº 31.
La Maison, Bruxelas, 1947, nº 11; 1949, nº 11.
Domus, Milão, 1947, nº 222; 1951, nºs 258 e 259.
Art et Decoration, 1949, nº 13.
Catálogo da I Bienal de São Paulo – 1951.
Rino Levi, de autoria de: Kazuo Mori, José; Yoshikawa, Makoto; e Koji Uchida, Nelson – apostila apresentada como trabalho de equipe na FAU-USP – junho de 1971.

183

DANIELE CALABI (Verona 1906 — Veneza 1964)

Obras em São Paulo:

"Residência para recepções", para o Sr. L. Médici, à Rua São Carlos do Pinhal, 117 — 1945.
Residência para o Sr. Ricaldoni, na Rua Itaguaçu, 749 — 1945.
Residência na Rua Itaguaçu, 317 — 1946.
Casa do arquiteto, à Rua Traipu, 1231 — 1947-1948.
Residência na Rua Itaguaçu, 301 — 1948.
Residência do Professor Ascarelli, à Rua Suíça, 80 — 1947-1948.
Projeto para um orfanato, para 300 crianças, para a Liga das Senhoras Católicas — em colaboração com Giancarlo Palanti.

Projetou, além do mais, e construiu um grupo de habitações modestas para pessoas da classe média, na Rua dos Bombeiros, e também duas casas econômicas, na Rua Bocaina e na Rua Bertioga.

Em 1948, voltando à Itália, Daniele Calabi abriu um estúdio em Pádua; essa construção compreende também a residência onde o arquiteto morou. Construiu também um prédio de apartamentos e a Clínica de Pediatria da Universidade de Pádua. Foi professor da Escola de Arquitetura da Universidade de Veneza. Tendo-se especializado na arquitetura hospitalar, projetou e construiu o Hospital Psiquiátrico de Perugia e o Asilo Geriátrico de Gorizia; a Clínica Pediátrica da Universidade de Catania, terminada de construir depois de sua morte, pela equipe de seus alunos, em 1967; a Casa de retiro para pessoas idosas da Olivetti, em Ivrea, disposta ao redor de uma pequena praça circundada por espaços cobertos para atividades sociais e culturais; o Hospital de especialidades em Geriatria, em Bolonha, que estava ainda em estágio de projeto em 1968; o Hospital da Madalena, em Trieste; o arranjo do antigo convento dos Tolentinos, em Veneza, para a Escola de Arquitetura.

Projetou e construiu a própria residência no Lido de Veneza, localizada no "ático" de uma casa preexistente. E uma "Cooperativa", em Pádua, prédio de seis apartamentos sobrepostos, que foi construída em 1954, para uma cooperativa que desfrutava de contribuições do Estado, estando, portanto, vinculada por todas as limitações das leis vigentes para as cooperativas.

Dados bibliográficos:

Architettura, Roma, 1935, p. 694; 1938, p. 239.
Nuova Architettura Italiana, Milão, 1938, pp. 28, 156, 157.
L'Architecture d'Aujourd'hui, Paris, 1939, p. 25; 1948, pp. 78-80.
Domus, 1938, p. 32; 1949, pp. 6 e 7 do vol. 232; 8 do 233.
Architectural Forum, New York, novembro de 1947, pp. 52 e 94 (número especial, dedicado à arquitetura brasileira).
"Nuova architettura italiana", *Quaderni della Triennale*, 1938, pp. 28, 156 e 157.
L'architettura italiana, março de 1934, p. 81.
Revista mensile, Pádua, abril de 1937, pp. 54, 55.
Revista Municipal de Engenharia, Rio de Janeiro, abril de 1948, p. 45.
Architectural Record, 1949.
Extrato da revista *L'Architettura — cronache e storia*, de 1957: "Opere dell'architetto Daniele Calabi", apresentação de Sergio Bettini.
L'Architettura — cronache e storia, ano XIII, nº 12, abril de

1968: "Le ultime opere di Daniele Calabi", apresentações de Sergio Bettini e de Donatella Calabi Folin e Marino Folin, pp. 776 a 803.

LINA BÒ BARDI (Itália, 1914 –   )

Seus principais trabalhos arquitetônicos são a residência Bardi, no Morumbi, a sede dos Diários Associados (1953) e o projeto e a construção do Museu de Arte de São Paulo. Dirigiu uma escola de desenho industrial e lecionou, por três anos, na Faculdade de Arquitetura. Em 1959, foi convidada pelo Governo do Estado da Bahia a projetar a criação do Museu de Arte Moderna de Salvador, do qual se tornou diretora. Ainda em Salvador, restaurou o antigo Solar do Unhão, aí instalando o Museu de Arte Popular. Em 1965, organizou, na Galeria de Arte Moderna de Roma a exposição "Nordeste do Brasil".

Lina Bò Bardi, colaborou ativamente, com artigos e desenhos, em vários jornais e revistas da Itália (*Tempo, Illustrazione Italiana, Europeo,* etc.), cuja consulta seria ótima para uma documentação completa da arquiteta.

Dados bibliográficos:

Domus, Milão – 1946.
Werk, Zurich – 1950.
Architectural Review, Londres – outubro de 1951.
Zevi, Bruno: *Storia dell'Architettura Moderna,* Turim – Edição G. Einaudi, 1950, p. 616.
Grande Enciclopédia Delta Larousse – edição de 1970.
Habitat: (2): 3, jan.-mar. 1951; (62): 55, 1960; (5): 62-3, 1951; (2): 6-9, jan.-mar. 1951; (1): 17, out.-dez. 1950; (8): 6-11, 1952; (12): 5, set. 1953; (12): 36-7, set. 1953; (10): 31-40, 1953; (2): 28-30, jan.-mar. 1951; (14): 4-10, jan.-fev. 1954; (2): 31, jan.-mar. 1951; (1): 53-9, out.-dez. 1950; (56): 30, set.-out. 1959.

GIANCARLO PALANTI (Milão, 1906 – São Paulo, 1977)

Tendo chegado no Brasil, depois de ter desenvolvido uma ampla, significativa, importante atividade na Itália, achamos necessário mencionar, as principais obras italianas de Giancarlo Palanti:

Projeto para um alojamento em San Siro (em colaboração com os arquitetos Albini, Camus e Kovacs) – 1932.
Projeto para um plano regulador da ex-fortaleza de Savona (em colaboração com os arquitetos Albini, Romano e Clausetti) – 1933.
Projeto de uma Casa de Aço (em colaboração com os arquitetos Pagano, Albini, Camus, Mazzoleni e Minoletti) – 1933.
Ampliação, arranjo e decoração da "Villa Mathon", em Livorno – 1933.
Projeto para um bairro de casas populares em Bolonha (em colaboração com os arquitetos Albini e Camus) – 1934.
Prédio de apartamentos em Milão – Propriedade M. Ceretti – 1934.
Projeto para Plano Regulador em Gallarate – 1934.
Laboratório para testes de materiais em Livorno – Propriedade Soc. Materiali Refrattari – 1936.

Início da construção conjunto "Fabio Filzi", em Viale Argonne, de esquina com Via Bisciola, em Milão – 1936.

Arranjo dos escritórios da S.A.M.E., em Livorno – 1936.

Arranjo dos escritórios da Revista *Dea*, em Milão – 1937.

Casa residencial em Livorno (propriedade eng. Tavani) – 1937.

Dois edifícios industriais para a Soc. Materiali Refrattari, em Milão – 1937.

Edifício Industrial "Silicastel", em Corsico (Milão) – 1937.

Casa do Povo (Fascio), em Gallarate – 1938.

Projeto Urbanístico "Milano Verde" (em colaboração com os arquitetos Albini, Gardella, Minoletti, Prevadal, Romano) – 1938.

Edifício industrial "Italvitrex", em Corsico (Milão) – 1938.

Construção de casas populares "Ettore Ponti", em Milão – 1938.

Prédio de apartamentos em Livorno – Propriedade Eng. Tavani – 1939.

Casas populares "Gabriele D'Annunzio", Milão – 1939-1941.

Casa "Nazario Sauro", em Milão – 1941.

Reforma do cinema "Cielo", em Milão – 1941.

Edifício Industrial em Arcore (Milão) – Propriedade da firma FACIT – 1941 a 1943.

Projeto para as fábricas, escritórios e dependências para as "Tuileries Saint-Marcel" em Marselha – 1943 a 1945.

Projeto para uma casa residencial em Marselha – 1943 a 1945.

Projeto urbanístico para o arranjo dos alojamentos dos "Angeli", Gênova, 1946.

Obras em São Paulo:

Edifício para escritórios e lojas, na Rua Florêncio de Abreu, esquina com o Beco da Fábrica (propriedade Amina Maggi) – 1947.

Prédio de apartamentos, à Rua Barão de Tatuí (propriedade Livia Maria Maggi) – 1949.

Projeto de casa residencial – 1949.

Projeto para a nova sede da Rádio Tupi, com teatro de 4.000 lugares, auditórios menores, estúdios para transmissão radiofônica, escritórios, moradias, restaurante e clube (em colaboração com a arquiteta Lina Bò Bardi) – 1949.

Projeto para o orfanato para 300 crianças, da Liga das Senhoras Católicas (em colaboração com o arquiteto Daniele Calabi) – 1947-1948.

Duas lojas (em colaboração com a arquiteta Lina Bò Bardi) – 1949.

Várias decorações (em colaboração com a arquiteta Lina Bò Bardi) – 1949.

Estudo de numerosos modelos para a produção em série de móveis modernos (em colaboração com a arquiteta Lina Bò Bardi) – 1949.

Duas casas de residência no Brooklyn Paulista – 1950.

Escola-internato à Avenida Jabaquara, de propriedade da Liga das Senhoras Católicas – 1951.

Projeto para o arranjo dos escritórios da diretoria da Metalúrgica Matarazzo, que começou a ser executado em 1951.

Projeto para edifício de 37 andares para cinema, lojas, sede de clube e apartamentos – 1951.

Projeto para edifício de 37 andares, para lojas e escritórios – sem data.

186

Projeto para cinema (em colaboração com o arquiteto Alfredo Mathias) – 1951.

Edifício à Rua Barão de Tatuí, 351 – 1952.

Projeto para um grupo de 29 edifícios de apartamentos populares (em colaboração com o arquiteto Alfredo Mathias) – 1952.

Biblioteca Pública "Martinico Prado", em Araras, Estado de São Paulo, para a Construtora Alfredo Mathias – 1952-1954.

Edifício "Conde Prates", à Rua Líbero Badaró, para a Construtora Alfredo Mathias – 1952-1954.

Prédio de apartamentos em condomínio, à Rua Martiniano de Carvalho, esquina com a Rua Humaitá, para a Construtora Alfredo Mathias – 1952-1954.

Prédios de apartamentos "Gibraltar" e "Chipre" e cinema, à Avenida Paulista, esquina com a Rua da Consolação, para a Construtora Alfredo Mathias – 1952-1954.

Prédio de apartamentos em condomínio "Gaivota", no Guarujá (SP), para a Construtora Alfredo Mathias – 1952-1954.

Edifícios industriais para a fábrica Metal Leve S/A em Socorro (Santo Amaro) – 1956.

Residência do Sr. Arnaldo E. Mindlin, à Rua Dr. Mário Cardim – 1957.

Edifícios industriais para a Fábrica "Telespark", no bairro do Jaguaré, de propriedade da Feigenson S/A – 1958.

Creche para a Liga das Senhoras Católicas – 1958.

Edifício para Asilo dos Velhos, à Rua Madre Cabrini, de propriedade da Sociedade Beneficente "Lar dos Velhos".

Sede Central do Bank of London and South America Ltd., à Rua XV de Novembro – 1960-1963.

Obras particulares de autoria de G. Palanti, executadas no período entre 1960 e 1970:

Hotel de 300 apartamentos, à Rua Álvaro de Carvalho, esquina com o Viaduto 9 de Julho e Viaduto Major Quedinho – Propriedade Horsa S/A.

Edifícios industriais para a nova fábrica da "Manufatura de Brinquedos Estrela S/A", na Via Dutra.

Sede central do Banco do Estado da Guanabara, no Rio de Janeiro, à Rua México, esquina com a Rua Chile (agora, Banco do Estado do Rio).

Centro contábil do Banco Francês e Italiano para a América do Sul, à Rua Bela Vista, no bairro do Alto da Boa Vista (em São Paulo).

Concursos:

Participou de vários, na Itália, obtendo prêmios; em 1955, participou do Concurso Internacional para o monumento ao ex-presidente José A. Ramón Cantera, na cidade de Panamá (Rep. do Panamá). No Brasil, participou dos seguintes:

1953 – Apresentação de dois projetos, para a Construtora Alfredo Mathias, para o Paço Municipal de São Paulo, no qual obteve duas menções honrosas (os prêmios não foram concedidos).

1957 – Concurso para diretrizes do Plano Diretor de Brasília – obtenção do quinto prêmio, *ex aequo.*

187

1959 – Concurso, por convites, para a nova sede do Bank of London and South America Ltd. – obtenção do primeiro prêmio.

Em 1946 participou, na Itália, como membro do juri, para o projeto do monumento aos mortos pela liberdade no cemitério de Cremona.

Exposições:

a) Participação como expositor:

1930 – IV Trienal em Monza (Milão), Itália – Diploma de Honra.
1933 – V Trienal de Milão – casa com estrutura de aço (apresentação *hors-concours*).
1933 – Idem – arquitetura de interiores – medalha de ouro.
1934 – Exposição da Aeronáutica em Milão – Salão dos raids e records.
1934 – Feira de Milão – Pavilhão do Rayon.
1934 – Feira do Levante, em Bari (Pavilhão do Rayon).
1935 – Feira de Milão – Pavilhão do Rayon.
1935 – Exposição agrícola em Bolonha – Pavilhão FIAT.
1935 – Exposição Internacional em Bruxelas – Pavilhão dos Téxteis Italianos (Diploma de Honra).
1936 – VI Trienal de Milão – Salão de Honra (*hors-concours*).
1936 – Idem – Exposição da habitação (medalha de ouro).
1937 – Exposição Internacional de Paris – Galeria das Máquinas no Pavilhão Italiano (Grande Prêmio).
1937 – Idem – Na exposição de arquitetura para um conjunto de habitações populares (medalha de prata).
1938 – Feira de Milão – Pavilhão da FIAT.
1938 – Exposição do Mineral Italiano em Roma – Pavilhão do chumbo e do zinco.
1940 – Feira de Milão – Salão do chumbo e do zinco, no Pavilhão Montecatini.
1953 – II Bienal de São Paulo – Habitação coletiva.

b) Participação como membro do júri:

1935 – Júri Internacional da Exposição Universal de Bruxelas – Vice--Presidente da Classe 18 – Grupo III.
1951 – Membro do júri de seleção das Cerâmicas, na I Bienal de São Paulo.
1957 – Membro do júri internacional de premiação da I Bienal de Teatro, em São Paulo.

Escritos:

Tem artigos publicados em vários jornais italianos, e nos seguintes jornais de São Paulo:

– *Folha da Manhã* – 22.4.52; 31.8.52; 15.2.53.
– *Diário de São Paulo* – 8.8.48.
– *O Estado de S. Paulo* – 14.3.51; 6.5.56; 8.12.57.
– *A Gazeta* – 24.1.58.

Tem artigos publicados em importantes revistas, tais como *Domus; Casabella – Costruzioni e Edilizia Moderna*, da Itália, e outras importantes revistas alemãs, suíças, argentinas, americanas, e em:

– *Habitat* (São Paulo) – nos 1, 2, 3, 6, 10.
– *Brasil Arquitetura Contemporânea.*

- *O Cruzeiro* – 24.9.55.
- *Acrópole* – n°s 220, 231.
- *Módulo* – n° 8.

Dados bibliográficos:

Uma biografia de Giancarlo Palanti, com a bibliografia e a atividade por ele desenvolvida na Itália até sua vinda para o Brasil, pode ser encontrada na Enciclopédia Italiana – II Apêndice – Volume II – p. 485.

Para as obras executadas em São Paulo, existe a seguinte bibliografia:

Habitat, n° 3 – "Prédio para apartamentos em São Paulo";
Habitat, n° 6 – "Uma sala de cinema em São Paulo".

ARQUIVOS CONSULTADOS

Arquivo do Estado – Na época em que foi pesquisada a matéria do presente estudo, o Arquivo do Estado estava situado no Largo General Osório, 86. Seu endereço atual é Rua D. Antonia de Queirós, 183.

Serviço de emplacamento da Prefeitura Municipal – Rua Boa Vista, 63.

Arquivo Fotográfico – Divisão de Estatística e Documentação – Praça da Sé, 233, 3° andar.

Arquivo Geral da Prefeitura – Departamento de Pesquisas – Rua Líbero Badaró, 374.

Arquivo Histórico – Departamento de Cultura da Prefeitura 4 – Rua da Cantareira, 216.

Fig. 103 — Edifício do Conservatório Dramático e Musical de São Paulo na Av. São João. (Foto Luiz A. Passagla).

BIBLIOGRAFIA

Álbum comparativo da Cidade de São Paulo, organizado pelo Exmo. Sr. Dr. Washington Luiz Pereira de Souza, Prefeito Municipal. (Biblioteca Municipal, Sala Paulo Prado – Livros raros.)

Almanaque do Fanfulla – 1906.

Almanaque da Província de São Paulo – 1887.

Almanaque de O Estado de S. Paulo – 1940 – Artigo: "Os serviços da Light em São Paulo".

Anais da Biblioteca Nacional do Rio de Janeiro – 1939.

ALMEIDA PRADO, Yan. "São Paulo e sua arquitetura", *Ilustração Brasileira*, número especial de setembro de 1929.

ALMEIDA PRADO, Yan. "A arquitetura de São Paulo em 1880", *Habitat*, nº 3, 1951.

A Província de São Paulo – anos de: 1882 – 1883 – 1884 – 1885.

ASSIS VIEIRA BUENO, Francisco. "A Cidade de São Paulo", *Revista do Centro de Ciências, Letras e Artes de Campinas*, 1903, nº 1 e ss.

BOAVISTA, P. T. "Arquitetura moderna", *The Studio*, 1943.

BUARQUE DE HOLANDA, Sérgio. *Raízes do Brasil*, Rio de Janeiro, Ed. José Olímpio, 1946.

Conferências pronunciadas no Museu de Arte de São Paulo em novembro de 1948, por: Gilberto Freire, Freitas Valle, Yan de Almeida Prado, Jorge Pacheco Chaves Filho, Antonio Batista Pereira. Não foram publicadas, mas são conservadas, em forma manuscrita, no Museu de Arte.

Correio Paulistano, 30 de janeiro de 1883 e o ano de 1928.

Correio da Manhã, novembro de 1925.

CURSINO DE MOURA, Paulo. *São Paulo de Outrora. Evocações da Metrópole*, São Paulo, Livraria Martins, 2ª edição.

Diário Nacional, ano de 1928.

Diário da Noite, 27 de março de 1930.

Diário de São Paulo, 22 de dezembro de 1874.

Escritório Técnico Ramos de Azevedo Severo Villares S/A.: Notas biográficas, para servir por ocasião do centenário do Dr. Francisco de Paula Ramos de Azevedo" (datilografadas), 1951.

JUNIUS (Paula Ramos Júnior). *Notas de viagem*, São Paulo, Seckler, 1882.

GIEDION, Siegfried. *Space, Time and Architecture (the growth of a new tradition)*, Cambridge, 1944.

L'artista moderno (O artista moderno), revista ilustrada de arte aplicada (publicada em Turim no início deste século, difundida em São Paulo por H. Catani e filho, Largo do Palácio, 7).

Le costruzioni moderne in Italia. Facciate di edifici in stile moderno (As construções modernas na Itália. Fachadas de edifícios em estilo moderno) – C. Crudo e C., Turim, sem data.

Leis e Atos do Município de São Paulo, Gráfica Paulista, São Paulo, 1935 – Anos: de 1908 a 1920.

MONTEIRO LOBATO. "A grande oficina – Escola", in *O Estado de S. Paulo*, de 1-1-1917, e "A criação do Estilo", in *O Estado de S. Paulo*, de 6-1-1917.

MARTINS ANTÔNIO, Egydios. *São Paulo antigo*, Livraria Francisco Alves, editora do primeiro volume; Tipografia do Diário Oficial, editora do segundo volume, 1911-1912.

PAGANO, Sebastião. "Roteiro de São Paulo antigo", in *Diário de São Paulo*, de 7-2-1952.

PRESTES MAIA, Francisco. *Estudo de um plano de avenidas para a Cidade de São Paulo*, Companhia Melhoramentos de São Paulo, 1930.

PRESTES MAIA, Francisco. *São Paulo, metrópole do século XX.*

MOREIRA PINTO, Alfredo. *A cidade de São Paulo em 1900. Impressões de viagem*, Rio de Janeiro, Imprensa Nacional, 1900.

RAMALHO, Joaquim Ignacio. *Relatório do presidente da Comissão do Monumento do Ipiranga*, São Paulo, Tipografia Baruel Pauperio & C., 1885.

RAMALHO, Joaquim Ignacio. *Relatório do presidente da Comissão do Monumento do Ipiranga*, lido na sessão de 7 de setembro de 1889.

RANZINI, Felisberto. *Estilo colonial brasileiro. Composição arquitetônica de motivos originais de Felisberto Ranzini*, São Paulo, Saraiva, 1927.

RANZINI, Felisberto. *Terras e Águas de Guanabara*, aquarelas de Felisberto Ranzini, texto de Afrânio Peixoto, São Paulo, Ind. Gráficas Lanzara, 1945.

RAMOS DE AZEVEDO, Francisco de Paula. "Discurso pronunciado no grande banquete de homenagem, por ocasião do seu jubileu profissional" (8 de dezembro de 1921). Transcrito in: R. Severo – O Liceu de Artes e Ofícios – pp. 196 e 197.

RIBEIRO, Júlio. *A Carne*, ed. Francisco Alves, 1946.

SEVERO, Ricardo. "O Liceu de Artes e Ofícios em São Paulo", Oficinas Gráficas do Liceu, São Paulo, 1934.

SANT'ANNA, Nuto de (Benvenuto Silveira de Arruda Sant'Anna). *São Paulo Histórico – Aspectos, lendas, costumes*, São Paulo, Depto. de Cultura, 1944.

SACHEVERELE, Sitwell. "The Brazilian Style", in *The Architectural Review*, março de 1944.

SARTORIS, Alberto. *Elementi dell'Architettura funzionale* (elementos da arquitetura funcional), Turim, Hoepli, 1935 e 1949.

SILVA, Jacinto. *Cidade de São Paulo – Guia Ilustrado do viajante*, São Paulo, Monteiro Lobato & Cia., 1924.

SOUZA LEÃO, J. de. "Brasil", in *Architectural Review*, março de 1944.

Teatro Municipal de São Paulo (Publicação do dia da inauguração), 21 de setembro de 1911., Pocai & Weiss, São Paulo, 1911.

Tratado Prático de Arquitetura, ou estudo das 5 ordens, Rio de Janeiro e Paris, H. Garnier, s.d.

TAUNAY, Affonso de Escragnolles. "Guia da Seção Histórica do Museu paulista", Imprensa Oficial do Estado de São Paulo, 1937.

ZEVI, Bruno. *Storia dell'Architettura Moderna*, Turim, G. Einaudi, 1950.

ZEVI, Bruno. *Saper vedere l'architettura*, Turim, G. Einaudi, 1948.

ARQUITETURA NA PERSPECTIVA

Quadro da Arquitetura no Brasil
Nestor Goulart Reis Filho (D018)
Bauhaus: Novarquitetura
Walter Gropius (D047)
Morada Paulista
Luís Saia (D063)
A Arte na Era da Máquina
Maxwell Fry (D071)
Cozinhas, Etc.
Carlos A. C. Lemos (D094)
Vila Rica
Sylvio de Vasconcellos (D100)
Território da Arquitetura
Vittorio Gregotti (D111)
Teoria e Projeto na Primeira Era da Máquina
Reyner Banham (D113)
Arquitetura, Industrialização e Desenvolvimento
Paulo J. V. Bruna (D135)
A Construção do Sentido na Arquitetura
J. Teixeira Coelho Netto (D144)
Arquitetura Italiana em São Paulo
Anita Salmoni e Emma Debenedetti (D173)
A Cidade e o Arquiteto
Leonardo Benevolo (D190)

Crise das Matrizes Espaciais
Fábio Duarte (D287)
Por Uma Arquitetura
Le Corbusier (E027)
Espaço da Arquitetura
Evaldo Coutinho (E059)
Arquitetura Pós-Industrial
Raffaele Raja (E118)
Nos Jardins de Burle Marx
Jacques Leenhardt (E150)
A Casa Subjetiva
Ludmila de Lima Brandão (E181)
Arquitetura e Judaísmo: Mendelsohn
Bruno Zevi (E187)
A Casa de Adão no Paraíso
Joseph Rykwert (E189)
Pós-Brasília: Rumos da Arquitetura Brasileira
Maria Alice J. Bastos (E190)
A Idéia de Cidade
Joseph Rykwert (E234)
História da Arquitetura Moderna
Leonardo Benevolo (LSC)
Arquitetura Contemporânea no Brasil
Yves Bruand (LSC)
História da Cidade
Leonardo Benevolo (LSC)

COLEÇÃO DEBATES
(Últimos Lançamentos)

286. *Literatura e Música: Modulações Pós-Coloniais*, Solange R. de Oliveira.
287. *Crise das Matrizes Espaciais*, Fábio Duarte.
288. *Cinema: Arte & Indústria*, Anatol Rosenfeld.
289. *Paixão Segundo a Ópera*, Jorge Coli.
290. *Alex Viany: Crítico e Historiador*, Arthur Autran.
291. *George Steiner: À Luz de si Mesmo*, Ramin Jahanbegloo.
292. *Um Ofício Perigoso*, Luciano Canfora.
293. *Som-imagem no Cinema*, Luiz Adelmo Fernandes Manzano.
294. *O Desafio do Islã e Outros Desafios*, Roberto Romano.
295. *Ponto de Fuga*, Jorge Coli.
296. *Adeus a Emmanuel Lévinas*, Jacques Derrida.
297. *Platão: Uma Poética para a Filosofia*, Paulo Butti de Lima.
298. *O Teatro É Necessário?*, Denis Guénoun.
299. *Ética e Cultura*, Danilo Santos de Miranda (org.).
300. *Eu não Disse?*, Mauro Chaves.
301. *O Teatro do Corpo Manifesto: Teatro Físico*, Lúcia Romano.
302. *A Cidade Imaginária*, Luiz Nazario (org.).
303. *O Melodrama*, J. M. Thomasseau.
304. *O Estado Persa*, David Asheri.
305. *Óperas e Outros Cantares*, Sergio Casoy.
306. *Primeira Lição de Urbanismo*, Bernardo Secchi.
307. *Conversas com Gaudí*, Cesar Martinell Brunet.
308. *O Racismo, uma Introdução*, Michel Wieviorka.
309. *Emmanuel Lévinas: Ensaios e Entrevista*, François Poirié.

Impresso nas oficinas
da Gráfica Palas Athena
em outubro de 2007